세계를 살리는 하나님 말씀

주님이 나귀를 타고 오신다

저자 한 봉 선 선교사

도서출판 조은

마 24:4 예수께서 대답하여 가라사대 너희가 사람의 미혹을 받지 않도록 주의하라
21.이는 그 때에 큰 환난이 있겠음이라 창세로부터 지금까지 이런 환난이 없었고 후에도
없으리라
23. 그 때에 사람이 너희에게 말하되 보라 그리스도가 여기 있다 혹 저기 있다 하여도 믿
지 말라
24. 거짓 그리스도들과 거짓 선지자들이 일어나 큰 표적과 기사를 보이어 할 수만 있으면
택하신 자들도 미혹하게 하리라

계 19:11 또 내가 하늘이 열린 것을 보니 보라 백마와 탄 자가 있으니그 이름은 충신과
진실이라 그가 공의로 심판하며 싸우더라
15. 그의 입에서 이한 검이 나오니 그것으로 만국을 치겠고 친히 저희를 철장으로 다스리
며 또 친히 하나님 곧 전능하신 이의 맹렬한 진노의 포도주 틀을 밟겠고
16. 그 옷과 그 다리에 이름 쓴 것이 있으니 만왕의 왕이요 만주의 주라 하였더라

대한민국

시편 33:12 여호와로 자기 하나님을 삼은 나라 곧 하나님의 기업으로 빼신바 된 백성은 복이 있도다

태극기

사무엘하 7:9 네가 어디를 가든지 내가 너와 함께 있어 네 모든 대적을 네 앞에서 멸하였은즉 세상에서 존귀한 자의 이름 같이 네 이름을 존귀케 만들어 주리라

요 14:6 예수께서 가라사대 내가 곧 길이요 진리요 생명이니 나로 말미암지 않고는 아버
지께로 올 자가 없느니라
21. 나의 계명을 가지고 지키는 자라야 나를 사랑하는 자니 나를 사랑하는 자는 내 아버
지께 사랑을 받을 것이요 나도 그를 사랑하여 그에게 나를 나타내리라
27. 평안을 너희에게 끼치노니 곧 나의 평안을 너희에게 주노라 내가 너희에게 주는 것은
세상이 주는 것 같지 아니하니라 너희는 마음에 근심도 말고 두려워하지도 말라

사 40:1 너희 하나님이 가라사대 너희는 위로하라 내 백성을 위로하라

-목　차-

성경구절은 대한성서공회 발행 「성경전서」에서 발췌함.

나의 인생 체험

저는 가난한 농부의 딸로 태어나서 아버지는 제가 네 살 때에 돌아가시고, 가정환경 때문에 학교도 갈 수 없었습니다. 그때는 연필 한 자루를 마련 못해서 등잔불에 성냥개비 타고 남은 까만 것을 가지고 사용하였으며, 종이는 쓰다 남은 시멘트 종이를 가지고 몇 번씩 쓰고 배운 것으로 한글을 겨우 학습하게 되었습니다. 이러한 환경과 아버지가 계시지 않는 환경 속에서도 어머님의 꽃송이 같고 비단결 같으신 마음 덕분에 화목한 가정으로 이끌어 나갈 수 있었습니다.

어머님은 14살에 시집 오셔서 아버지 형제 9남매, 우리 형제 7남매, 그때 당시 제 조카 4남매의 종가집 맏며느리로써 호랑이 같으신 할아버지와 할머니를 하늘같이 공경하고 모시며 살았습니다. 저는 어릴 때 어머님이 하시는 일을 낱낱이 보며 자랐습니다. 어머님은 가정 사정이 어려워서 쑥 뿌리가 남지 않을 정도로 나물로만 세상을 사셨어도, 할머님이 물레질하시느라 밤늦게까지 계시면 꼭 무엇으로 공경하시고는 하였습니다. 엄마 친정 숙모님은 성심껏 어머님을 많이 사랑하셨습니다.

딤후 1:4 네 눈물을 생각하여 너 보기를 원함은 내 기쁨이 가득하게 하려 함이니
5. 이는 네 속에 거짓이 없는 믿음을 생각함이라 이 믿음은 먼저 네 외조모 로이스와 네 어머니 유니게 속에 있더니 네 속에도 있는 줄을 확신하노라

렘 1:4 여호와의 말씀이 내게 임하니라 이르시되
5. 내가 너를 복중에 짓기 전에 너를 알았고 네가 태에서 나오기 전에 너를 구별하였고 너를 열방의 선지자로 세웠노라 하시기로

어머님께서는 친정 숙모님이 사랑해주신 덕분에 생활을 하시면서도, 어려운 가정형편을 조금도 내색하지 않으시고 부모님과 동지간들에게 힘을 다하여 효도하고 우애로써 화목하게 이끌어 나가셨습니다.

일년이면 다달이 돌아오는 제사를 정성으로 지내면서 누가 하든 안 하든, 당신이 할 일만을 육신을 아끼지 아니하시고 열심히 하시는 것이었습니다. 어린 나이의 제 마음은 어머님이 하시는 일이 안타깝고 고마웠습니다. 저는 속으로 이 세상에는 우리 어머님 같은 분은 없을 것이라고 생각을 했습니다.

어머님은 항상 겸손하시고 인자하셨지만 숨겨진 고통은 말할 수 없이 많으신 분이셨습니다. 힘든 일과 같은 고통을 당하시더니 결국은 병환이 나셨습니다.

사람이 어느 한편에서만 잘해도 되지 않고 하나님의 뜻을 따라 서로가 잘해야 하나님은 깨닫게 해주셨습니다.

하나님께는 영광이 될 것이요. 인간에게는 비극이 생기지 않는다는 것을 하나님은 우리를 변하게 하려 함입니다.

갈 1:7 다른 복음은 없나니 다만 어떤 사람들이 너희를 요란케 하여 그리스도의 복음을 변하려 함이라
10. 이제 내가 사람들에게 좋게 하랴 하나님께 좋게 하랴 사람들에게 기쁨을 구하랴 내가 지금까지 사람들의 기쁨을 구하는 것이었더면 그리스도의 종이 아니니라
12. 이는 내가 사람에게서 받은 것도 아니요 배운 것도 아니요 오직 예수 그리스도의 계시로 말미암은 것이라
15. 그러나 내 어머니의 태로부터 나를 택정하시고 은혜로 나를 부르신 이가
17. 또 나보다 먼저 사도된 자들을 만나려고 예루살렘으로 가지 아니하고 오직 아라비아로 갔다가 다시 다메섹으로 돌아갔노라

그때 나는 열두살이었는데 신기하게도 하나님이 꿈에 백두산에 오르게 하시더니 세상을 내려다보게 하셨습니다. 사람들이 메마른 땅에 살고 있다고 보여주시면서, 나무가 드문드문 서 있고 하얀 모래 속에서 생명수 샘물이 구멍에서 솟아오르고 있는 것이 보였습니다.

파랑새 한 마리가 나무에 날아와서 앉더니 컵을 주면서 먹으라고 해서 떠먹으니 물이 꿀같이 달았습니다. 그러면서 새가 하는 말이 그 물을 떠다가 엄마를 드리면 병이 나을 것이라고 하는 것이었습니다.

꿈을 깨고 생각하니 너무도 이상하여 그 다음날 나는 깊은 산 중에 들어가서 물이 어디 있나 살펴보려고 여기저기 찾아보았습니다.

남한테 말하면 미쳤다고 할 테고 마음이 들떠서 애만 쓰다가 결국 샘은 찾지 못하고 새알 다섯 알을 주워서 그냥 돌아왔습니다. 어머님께 삶아드리려고 놓아두었더니 그만 조카들이 깨어 버려서 새알조차 어머님께 삶아드리지 못하였습니다. 어머님의 병환은 점점 더하여 대변까지 방에서 보시게 되었습니다.

결국 따뜻한 위로 한 번 받아보시지 못하시고 여러 달 고생하시면서 색다른 음식 한 번 맛보지 못하시고는 마지막 길을 가셨습니다.

어쩌면 이렇게도 매정한 세상일까? 나는 나이가 어려도 너무나 메마른 세상과 사람들의 비정한 마음을 원망했습니다. 그런데 어머님이 돌아가셔서 슬피 우는 가운데 '너는 세상의 기둥이 되어라' 하는 하나님의 계시가 있었습니다. 처음에는 믿지 않았지만 똑똑히 성경 구절과 말씀으로 인도해 주셨습니다.

요 4:14 내가 주는 물을 먹는 자는 영원히 목마르지 아니하리니 나의주는 물은 그 속에서 영생하도록 솟아나는 샘물이 되리라

내 나이 열살때 하나님의 계시가 처음 저에게 임하시면서 "네가 글을 배우면 안 될 것이다. 그러나 배우지 않음으로 병이 될 것이다."라고 하셨습니다.

지금 와서 생각하니 병이 된다는 것은 제가 마음에 고통이 따를 것이라는 말씀임을 알게 되었고, 성경책을 읽는데도 글을 모르기 때문에 여간 힘든 것이 아니었습니다. 그러나 글을 쓸 줄을 모르고 읽을 줄도 몰랐으나 성령의 인도로 조금씩 읽고 쓰게 됨을 감사하게 생각합니다.

1974년부터 책을 쓰라 하셨는데, 책을 쓰지 않고 있을 때는 성령이 마음에 불처럼 오셔서 밤에 잠을 못 자도록 하셨습니다.

글도 제대로 학습하지 못하고, 아무것도 모르는 사람이 책을 쓰려니 너무 힘들어서 오랜 시간이 걸렸고, 하나님의 말씀만 조금 연결시켰을 뿐이지 해야 할 말을 다 쓰지는 못했습니다. 그러므로 제대로 된 책이라 할 수는 없지만, 이 책이 삶에 참고가 되길 바라며 기도를 부탁드립니다.

요 4:16 가라사대 가서 네 남편을 불러오라
25. 여자가 가로되 메시야 곧 그리스도라 하는 이가 오실 줄을 내가 아노니 그가 오시면
모든 것을 우리에게 고하시리이다
26. 예수께서 이르시되 네게 말하는 내가 그로라 하시니라

사 54:4 두려워말라 네가 수치를 당치 아니하리라 놀라지 말라 네가 부끄러움을 보지아
니하리라 네가 네 청년 때의 수치를 잊겠고 과부 때의 치욕을 다시 기억함이 없으리니
5. 이는 너를 지으신 자는 네 남편이시라 그 이름은 만군의 여호와시며 네 구속자는 이스
라엘의 거룩한 자시라 온 세상의 하나님이라 칭함을 받으실 것이며

마 12:42 심판 때에 남방 여왕이 일어나 이 세대 사람을 정죄하리니 이는 그가 솔로몬의
지혜로운 말을 들으려고 땅끝에서 왔음이어니와 솔로몬보다 더 큰이가 여기 있느니라

렘 36:2 너는 두루마리 책을 취하여 내가 네게 말하던 날 곧 요시야의 날부터 오늘까지
이스라엘과 유다와 열방에 대하여 나의 네게 이른 모든 말을 그것에 기록하라
6. 너는 들어가서 나의 구전대로 두루마리에 기록한 여호와의 말씀을 금식일에 여호와의
집에 있는 백성의 귀에 낭독하고 유다 모든 성에서 온 자들의 귀에도 낭독하라
32. 이에 예레미야가 다른 두루마리를 취하여 네리야의 아들 서기관 바룩에게 주매 그가
유다왕 여호와김의 불사른책의 모든 말을 예레미야의 구전대로 기록하고 그 외에도 그 같
은 말을 많이 더하였더라

사 60:1 일어나라 빛을 발하라 이는 네 빛이 이르렀고 여호와의 영광이 네 위에 임하였음
이니라
10. 내가 노하여 너를 쳤으나 이제는 나의 은혜로 너를 긍휼히 여겼은즉 이방인들이 네
성벽을 쌓을 것이요 그 왕들이 너를 봉사할 것이며
12. 너를 섬기지 아니하는 백성과 나라는 파멸하리니 그 백성들은 반드시 진멸되리라
15. 전에는 네가 버림을 입으며 미움을 당하였으므로 네게로 지나는 자가 없었으나 이제
는 내가 너로 영영한 아름다움과 대대의 기쁨이 되게 하리니
22. 그 작은 자가 천을 이루겠고 그 약한 자가 강국을 이룰 것이라 때라 되면 나 여호와가

속히 이루리라

행 16:31 가로되 주 예수를 믿으라 그리하면 너와 네 집이 구원을 얻으리라 하고

롬 8:32 자기 아들을 아끼지 아니하시고 우리 모든 사람을 위하여 내어주신 이가 어찌 그 아들과 함께 모든 것을 우리에게 은사로 주지 아니하시겠느뇨

요 8:36 그러므로 아들이 너희를 자유케 하면 너희가 참으로 자유하리라

요 1:12 영접하는 자 곧 그 이름을 믿는 자들에게는 하나님의 자녀가 되는 권세를 주셨으니

14. 말씀이 육신이 되어 우리 가운데 거하시매 우리가 그 영광을 보니 아버지의 독생자의 영광이요 은혜와 진리가 충만하더라

다시 오신 예수님은 심판하신다

하박국 2:2 여호와께서 내게 대답하여 가라사대 너는 이 묵시를 기록하여 판에 명백히 새기되 달려가면서도 읽을 수 있게 하라
3. 이 묵시는 정한 때가 있나니 그 종말이 속히 이르겠고 결코 거짓되지 아니하리라 비록 더딜찌라도 기다리라 지체되지 않고 정녕 응하리라

우리가 어디서나 언제나 우리를 살리는 말씀은 오직 예수님의 보혈입니다. 우리가 보혈에 적셔 있으면 우리는 달려가면서도 날아가면서도 하나님의 말씀을 읽어낼 수 있습니다. 그것만이 거짓이 아닌 진실입니다. 진리입니다.

미가 1:2 백성들아 너희는 다 들을찌어다 땅과 거기 있는 모든 것들아 자세히 들을찌어다 주 여호와께서 너희에게 대하여 증언하시되 곧 주께서 성전에서 그리하실 것이니라
3. 여호와께서 그 처소에서 나오시고 강림하사 땅의 높은 곳을 밟으실 것이라

우리가 자세히 들어야 할 말씀은 예수님이 우리 죄를 위해 십자가에 못 박혀 피 흘리시고 죽으셨다는 것, 우리에게 이것만이 영생의 말씀입니다.

딤전 6:14 우리 주 예수 그리스도 나타나실 때까지 점도 없고 책망 받을 것도 없이 이 명령을 지키라
16. 오직 그에게만 죽지 아니함이 있고 가까이 가지 못할 빛에 거하시고 아무 사람도 보지 못하였고 또 볼 수 없는 자시니 그에게 존귀와 영원한 능력을 돌릴찌어다 아멘

우리가 예수님의 보혈에 적셔져 있으면 우리는 점도 없고 책망받을 것도 없는 담대함으로 하나님의 존전에 이를 것입니다.

히 9:27 한번 죽는 것은 사람에게 정해진 것이요 그 후에는 심판이 있으리니
28. 이와 같이 그리스도도 많은 사람의 죄를 담당하시려고 단번에 드리신바 되셨고 구원에 이르게 하기 위하여 죄와 상관없이 자기를 바라는 자들에게 두 번째 나타나시리라

하나님의 심판을 이기는 것은 오직 예수님의 보혈밖에 없습니다. 그분이 우리 죄를 위해 단번에 성소에 들어가셨습니다. 우리를 거룩하게 하려고 성문 밖에서 고난을 당하셨습니다. 그리고 우리에게 나타나실 것입니다. 두 번째 신랑으로 말입니다.

요 5:20 아버지께서 아들을 사랑하사 자기가 행하시는 것을 다 아들에게 보이시고 또 그보다 더 큰 일을 보이사 너희로 기이히 여기게 하시리라
21. 아버지께서 죽은 자들을 일으켜 살리심 같이 아들도 자기의 원하는 자들을 살리느니라
22. 아버지께서 아무도 심판하지 아니하시고 심판을 다 아들에게 맡기셨으니
23. 이는 모든 사람으로 아버지를 공경하는 것같이 아들을 공경하게 하려 하심이라 아들을 공경치 아니하는 자는 그를 보내신 아버지를 공경치 아니하느니라

겔 3:17 인자야 내가 너를 이스라엘 족속의 파수꾼으로 세웠으니 너는 내 입의 말을 듣고 나를 대신하여 그들을 깨우치라

아가 6:1 여자 중 극히 어여쁜 자야 너의 사랑하는 자가 어디로 갔는가 너의 사랑하는 자가 어디로 돌이켰는가 우리가 너와 함께 찾으리라

요 5:24 내가 진실로 진실로 너희에게 이르노니 내 말을 듣고 또 나 보내신 이를 믿는 자는 영생을 얻었고 심판에 이르지 아니하나니 사망에서 생명으로 옮겼느니라
25. 진실로 진실로 너희에게 이르노니 죽은 자들이 하나님의 아들의 음성을 들을 때가 오나니 곧 이 때라 듣는 자는 살아나리라
29. 선한 일을 행한 자는 생명의 부활로, 악한 일을 행한 자는 심판의 부활로 나오리라

80년도에 '심판 주님이 일하신다' 사람들에게 전해도 사람들이 안 들으니까 대흉년

이 왔습니다.

슥 7:9 만군의 여호와가 이미 말하며 이르기를 너희는 진실한 재판을 행하며 피차에 인애와 긍휼을 배풀며
14. 회리바람으로 그들을 그 알지 못하던 모든 열국에 헤치리라 한 후로 이 땅이 황무하여 왕래하는 사람이 없었나니 이는 그들이 아름다운 땅으로 황무하게 하였음이니라 하시니라

요 8:47 하나님께 속한 자는 하나님의 말씀을 듣나니 너희가 듣지 아니함은 하나님께 속하지 아니하였음이로다
48. 유대인들이 대답하여 가로되 우리가 너를 사마리아 사람이라 또는 귀신이 들렸다 하는 말이 옳지 아니하냐
49. 예수께서 대답하시되 나는 귀신 들린 것이 아니라 오직 내 아버지를 공경함이어늘 너희가 나를 무시하는도다
50. 나는 내 영광을 구치 아니하나 구하고 판단하시는 이가 계시니라
51. 진실로 진실로 너희에게 이르노니 사람이 내 말을 지키면 죽음을 영원히 보지 아니하리라

시편 69:7 내가 주를 위하여 훼방을 받았사오니 수치가 내 얼굴에 덮였나이다
20. 훼방이 내 마음을 상하여 근심이 충만하니 긍휼히 여길 자를 바라나 없고 안위할 자를 바라나 찾지 못하였나이다

살전 2:13 이러므로 우리가 하나님께 우리가 쉬지 않고 감사함은 너희가 우리에게 들은 바 하나님의 말씀을 받을 때에 사람의 말로 아니하고 하나님의 말씀으로 받음이니 진실로 그러하다 이 말씀이 또한 너희 믿는 자 속에서 역사하느니라

3명이 하나님을 거역하다가 사망했습니다. 하나님의 말씀으로 안 듣고 사람의 말로 듣다가 3명이 사망하는 것을 보았습니다.

렘 15:2 그들이 만일 네게 말하기를 우리가 어디로 나아가리요 하거든 너는 그들에게 이르기를 여호와의 말씀에 사망할 자는 사망으로 나아가고 칼을 받을 자는 칼로 나아가고 기근을 당할 자는 기근으로 나아가고 포로 될 자는 포로됨으로 나아갈찌니라 하셨다 하라
6. 여호와께서 가라사대 네가 나를 버렸고 내게서 물러갔으므로 네게로 내 손을 펴서 너를 멸하였노니 이는 내가 뜻을 돌이키기에 염증이 났음이로다
8. 그들의 과부가 내 앞에 바다 모래보다 더 많아졌느니라 내가 대낮에 훼멸할 자를 그들에게로 데려다가 그들과 청년들의 어미를 쳐서 놀람과 두려움을 그들에게 졸지에 임하게 하였으며
13. 그러나 네 모든 죄로 인하여 네 사경의 모든 재산과 보물로 값없이 탈취를 당하게 할 것이며
16. 만군의 하나님 여호와시여 나는 주의 이름으로 일컬음을 받는 자라 내가 주의 말씀을 얻어 먹었사오니 주의 말씀은 내게 기쁨과 내 마음의 즐거움이오나

단 7:10 불이 강처럼 흘러 그 앞에서 나오며 그에게 수종하는 자는 천천이요 그 앞에 시위한 자는 만만이며 심판을 베푸는데 책들이 펴 놓였더라
13. 내가 또 밤 이상 중에 보았는데 인자 같은 이가 하늘 구름을 타고 와서 옛적부터 항상 계신 자에게 나아가 그 앞에 인도되매

심판을 행하시는 이를 우리는 사모하고 대망합니다. 우리는 예수님에 피에 적셔진 정결한 신부들이기 때문입니다.

사 45:5 나는 여호와라 나 외에 다른 이가 없나니 나 밖에 신이 없느니라 너는 나를 알지 못하였을찌라도 나는 네 띠를 동일 것이요
11. 이스라엘의 거룩하신 자 곧 이스라엘을 지으신 여호와께서 가라사대 장래 일을 내게 물으라 또 내 아들들의 일과 내 손으로 한 일에 대하여 내게 부탁하라
15. 구원자 이스라엘의 하나님이여 진실로 주는 스스로 숨어 계시는 하나님이시니이다
25. 이스라엘 자손은 다 여호와로 의롭다 함을 얻고 자랑하리라 하느니라 하셨느니라

우리를 지으신 이가 오직 하나님, 우리를 죄에서 구원하신 이도 오직 하나님, 우리를 의롭다하신 이도 오직 하나님, 바로 우리 예수님의 흘리신 보혈의 능력이 있기 때문입니다.

왕상 8:60 이에 세상 만민에게 여호와께서만 하나님이시고 그 외에는 없는 줄을 알게 하시기를 원하노라

요 1:1 태초에 말씀이 계시니라 이 말씀이 하나님과 함께 계셨으니 이 말씀은 곧 하나님이시니라
2. 그가 태초에 하나님과 함께 계셨고
3. 만물이 그로 말미암아 지은 바 되셨으니 지은 것이 하나도 그가 없이는 된 것이 없느니라
4. 그 안에 생명이 있었으니 이 생명은 사람들의 빛이라
12. 영접하는 자 곧 그 이름을 믿는 자들에게는 하나님의 자녀가 되는 권세를 주셨으니
13. 이는 혈통으로나 육정으로나 사람의 뜻으로 나지 아니하고 오직 하나님께로서 난 자들이니라
14. 말씀이 육신이 되어 우리 가운데 거하시매 우리가 이 영광을 보니 아버지의 독생자의 영광이요 은혜와 진리가 충만하더라

태초에 하나님의 말씀으로 계셨던 우리 예수님이 육신의 몸을 입고 오셨습니다. 우리가 동일한 몸을 입고 오신 것은 우리를 자녀 삼으시고 하나님의 자녀로 인치시기 위함입니다. 그 보장이 예수님이 우리를 위해서 피흘려 주신 것입니다.

사 59:21 여호와께서 또 가라사대 내가 그들과 세운 나의 언약이 이러하니 곧 네 위에 있는 나의 신과 네 입에 둔 나의 말이 이제부터 영영토록 네 입에서와 네 후손의 입에서와 네 후손의 후손의 입에서 떠나지 아니하리라 하시리라 여호와의 말씀이니라

언약으로 함께하신 우리 하나님, 예수님을 보내셔서 영원한 언약을 성취하셨습니다. 하나님의 신과 입을 우리 몸과 입에 담으셨습니다. 예수님의 보혈로 이루셨습니다.

고전 15:1 형제들아 내가 너희에게 전한 복음을 너희로 알게 하노니 이는 너희가 받은 것이요 또 그 가운데 선 것이라
2. 너희가 만일 나의 전한 그 말을 굳게 지키고 헛되이 믿지 아니하였으면 이로 말미암아 구원을 얻으리라
3. 내가 받은 것을 먼저 너희에게 전하였노니 이는 성경대로 그리스도께서 우리 죄를 위하여 죽으시고
4. 장사 지낸바 되었다가 성경대로 사흘만에 다시 살아나사

우리가 헛되이 받지 않은 것, 오직 한가지 예수님이 우리에게 살과 피를 주셨다는 사실, 이 사실이 우리를 살릴 것입니다. 우리를 구원에 이르게 하셨습니다. 우리는 그 말씀을 헛되이 받지 않고 그 보혈을 믿음으로 구원을 얻습니다.

사 53:4 그는 실로 우리의 질고를 지고 우리의 슬픔을 당하였거늘 우리는 생각하기를 그는 징벌을 받아서 하나님에게 맞으며 고난을 당한다 하였노라
5. 그가 찔림은 우리의 허물을 인함이요 그가 상함은 우리의 죄악을 인함이라 그가 징계를 받음으로 우리가 평화를 누리고 그가 채찍에 맞음으로 우리가 나음을 입었도다
6. 우리는 다 양 같아서 그릇 행하여 각기 제 길로 갔거늘 여호와께서는 우리 무리의 죄악을 그에게 담당시켰도다

복음 중에 복음입니다. 우리를 위해 이 땅에 오셔서 피흘리신 예수님, 그 예수님이 우리와 함께 하시기에 우리는 늘 기뻐하고 감사하고 또 기도합니다. 믿고 사랑하며 소망에 늘 머뭅니다.

요 14:1 너희는 마음에 근심하지 말라 하나님을 믿으니 또 나를 믿으라
2. 내 아버지 집에 거할 곳이 많도다 그렇지 않으면 너희에게 일렀으리라 내가 너희를 위하여 처소를 예비하러 가노니
3. 가서 너희를 위하여 처소를 예비하면 내가 다시 와서 너희를 내게로 영접하여 나 있는 곳에 너희도 있게 하리라
4. 내가 가는 곳에 그 길을 너희가 알리라

5. 도마가 가로되 주여 어디로 가시는지 우리가 알지 못하거늘 그 길을 어찌 알겠삽나이
까
6. 예수께서 가라사대 내가 곧 길이요 진리요 생명이니 나로 말미암지 않고는 아버지께로
올 자가 없느니라
26. 보혜사 곧 아버지께서 내 이름으로 보내실 성령 그가 너희에게 모든 것을 가르치시고
내가 너희에게 말한 모든 것을 생각나게 하시리라
27. 평안을 너희에게 끼치노니 곧 나의 평안을 너희에게 주노라 내가 너희에게 주는 것은
세상이 주는 것 같지 아니하리라 너희는 마음에 근심도 말고 두려워하지도 말라

요 8:32 진리를 알찌니 진리가 너희를 자유케 하리라
36. 그러므로 아들이 너희를 자유케 하면 너희가 참으로 자유하리라

우리는 만세입니다. 근심이 머물 곳이 없습니다. 염려가 우리를 덮지 못합니다. 우리와 늘 함께하시는 예수님이 계시기 때문입니다. 우리는 예수님의 피값으로 자유를 얻었습니다. 평안을 얻었습니다.

시편 85:10 긍휼과 진리가 같이 만나고 의와 화평이 서로 입 맞추었으며
11. 진리는 땅에서 솟아나고 의는 하늘에서 하감하였도다

우리는 입 맞춥니다. 의와 평강이 우리를 덮습니다. 진리이신 예수님을 우리 안에 모시면서 예수님의 보혈이 우리 죄를 씻으므로 말합니다.

딤후 1:4 네 눈물을 생각하여 너 보기를 원함은 내 기쁨이 가득하게 하려 함이니

저희 친정 어머니는 부모님, 일가친척들에게 잘해서 군내에서 열녀상을 타고 저희 외할머니는 저희 친정 엄마를 많이 도와서 이 말씀을 보이며 사람은 사람답게 사는 것이 최종적인 목표인 것 같다고 생각했고 하나님의 형상처럼 느껴졌습니다.

전도서 1:9 이미 있던 것이 후에 다시 있겠고 이미 한 일을 후에 다시 할찌라 해 아래는

새것이 없나니

전 3:15 이제 있는 것이 옛적에 있었고 장래에 있을 것도 옛적에 있었나니 하나님은 이미 지난 것을 다시 찾으시느니라

해 아래 새 것이 없습니다. 아담의 아들 아벨 때부터 현재 여기 사는 우리에게 있는 유일한 하나님의 은혜는 어린 양의 피입니다.

요 4:16 가라사대 가서 네 남편을 불러 오라
25. 여자가 가로되 메시야 곧 그리스도라 하는 이가 오실 줄을 내가 아노니 그가 오시면 모든 것을 우리에게 고하시리이다
26. 예수께서 이르시되 네게 말하는 내가 그로라 하시니라
34. 예수께서 이르시되 나의 양식은 나를 보내신 이의 뜻을 행하며 그의 일을 온전히 이루는 이것이니라

메시야 곧 그리스도가 바로 예수님이십니다. 내가 그로라 하셨습니다. 우리의 구원자 예수님이 십자가에 달리심으로 이루신 그 놀라운 은혜

고전 1:27 그러나 하나님께서 세상의 미련한 것들을 택하사 지혜있는 자들을 부끄럽게 하려 하시고 세상의 약한 것들을 택하사 강한 것들을 부끄럽게 하려 하시며
28. 하나님께서 세상의 천한 것들과 멸시받는 것들과 없는 것들을 택하사 있는 것들을 폐하려 하시나니

십자가는 가장 미련한 것입니다. 가장 약한 것입니다. 가장 부끄러운 것입니다. 그러나 그 미련하고 약하고 부끄러운 것이 이깁니다. 예수님이 보혈을 흘려주심으로 가장 천하고 멸시받는 것을 가장 존귀한 것으로 세우십니다.

사 54:4 두려워 말라 네가 수치를 당치 아니하리라 놀라지 말라 네가 부끄러움을 보지 아니하리라 네가 네 청년 때의 수치를 잊겠고 과부때의 치욕을 다시 기억함이 없으리니

5. 이는 너를 지으신 자는 네 남편이시라 그 이름은 만군의 여호와시며 네 구속자는 이스
라엘의 거룩한 자시라 온 세상의 하나님이라 칭함을 받으실 것이며
6. 여호와께서 너를 부르시되 마치 버림을 입어 마음에 근심하는 아내 곧 소시의 아내 되
었다가 버림을 입은 자에게 함같이 하실 것임이니라 네 하나님의 말씀이니라

우리가 두려워하지도 않고 무서워하지도 않을 이유는 오직 한가지 예수님이 우리를 위해 십자가에 달리신 바로 그것입니다. 우리는 수치를 당하지 않을 것입니다. 예수님의 보장된 보혈이 있기에 말입니다.

마 12:42 심판 때에 남방 여왕이 일어나 이 세대 사람을 정죄하리니 이는 그가 솔로몬의 지혜로운 말을 들으려고 땅 끝에서 왔음이어니와 솔로몬보다 더 큰 이가 여기 있느니라

모든 이보다 더 크신 이가 바로 우리 예수님이십니다.

눅 19:10 인자의 온 것은 잃어버린 자를 찾아 구원하려 함이니라
27. 그리고 나의 왕됨을 원치 아니하던 저 원수들을 이리로 끌어다가 내 앞에서 죽이라
하였느니라
30. 이르시되 너희 맞은편 마을로 가라 그리로 들어가면 아직 아무 사람도 타보지 않은
나귀새끼의 매여 있는 것을 보리니 풀어 끌고 오너라
33. 나귀새끼를 풀 때에 그 임자들이 이르되 어찌하여 나귀새끼를 푸느냐
40. 대답하여 가라사대 내가 너희에게 말하노니 만일 이 사람들이 잠잠하면 돌들이 소리
지르리라 하시니라
41. 가까이 오사 성을 보시고 우시며
42. 가라사대 너도 오늘날 평화에 관한 일을 알았더면 좋을뻔 하였거니와 지금 네 눈이
숨기웠도다

나귀를 타고 예루살렘 성으로 입성하신 예수님, 우리를 위해 오실 것이 없어 말구유로 오신 예수님, 그러나 이제 다시 오실 때에는 만왕의 왕으로 만주의 주로 오실 것입니다.

마 21:4 이는 선지자로 하신 말씀을 이루려 하심이라 일렀으되
5. 시온 딸에서 이르기를 네 왕이 네게 임하나니 그는 겸손하여 나귀 곧 멍에 메는 짐승의
짐승의 새끼를 탔도다 하라 하였느니라

쇠 명찰과 계급장
모든 예언의 말씀이 우리 예수님으로 성취되었습니다. 재 오실 예수님도 말씀의 성취로 오실 것입니다.

요 12:14 예수는 한 어린 나귀를 만나서 타시니
16. 제자들은 처음에 이 일을 깨닫지 못하였다가 예수께서 영광을 얻으신 후에야 이것이
예수께 대하여 기록된 것임과 사람들이 예수께 이같이 한 것인줄 생각났더라

충청북도 충주시 이류면 신촌교회 산 교회에 가서 3일간 철야기도 중 예수님이 옷을 하얗게 입고 오시는 것을 안은숙 권사님에게 보이시고 그 권사님에게 도장을 받아라 하였습니다. 하나님의 일만 하라고 하는 걸 애들 키우며 일을 먼저 해야 한다고 하니까 얼굴이 굳어져 중풍이 걸렸다가 이 말씀을 주시며 풀렸습니다.

스바냐 3:14 시온의 딸아 노래할찌어다 이스라엘아 기쁘게 부를지어다 예루살렘 딸아 전
심으로 기뻐하며 즐거워할지어다
15. 여호와가 네 형벌을 제하였고 너의 원수를 쫓아내었으며 이스라엘의 왕 여호와가 너
의 중에 있으니 네가 다시는 화를 당할까 두려워하지 아니할 것이라
16. 그 날에 사람이 예루살렘에게 이르기를 두려워하지 말라 시온아 네 손을 늘어뜨리지
말라
17. 너의 하나님 여호와가 너의 가운데 계시니 그는 구원을 베푸실 전능자시라 그가 너로
인하여 기쁨을 이기지 못하여 하시며 너를 잠잠히 사랑하시며 너로 인하여 즐거이 부르며
기뻐하시리라 하리라

우리 예수님이 우리의 영원한 기쁨입니다. 더 감사한 것은 우리를 잠잠히 사랑하고 우리로 인하여 즐거이 부르며 기뻐하시는 이, 우리가 예수님의 신부이기 때문입니다.

시편 132:13 여호와께서 시온을 택하시고 자기 거처를 삼고자 하여 이르시기를
14. 이는 나의 영원히 쉴 곳이라 내가 여기 거할 것은 이를 원하였음이로다

우리를 영원한 안식의 땅으로 이끄시는 예수님, 우리가 주님을 사랑합니다

시편 126:1 여호와께서 시온의 포로로 돌리실 때에 우리가 꿈꾸는 것 같았도다

우리는 꿈꾸는 이들이 될 것입니다. 오시는 주님과 함께 공중에서 주를 맞이하는 것, 그리고 영원한 주님의 집에 거하는 것, 이제 시온의 포로는 돌아옵니다.

슥 14:17 천하 만국 중에 그 왕 만군의 여호와께 숭배하러 예루살렘에 올라 오지 아니하는 자에게는 비를 내리지 아니하실 것인즉

부부가 진리 안에서 행복하면 인류가 다 행복하게 될 것이다

창 2:23 아담이 가로되 이는 내 뼈 중에 뼈요 살 중에 살이라 이것을 남자에게서 취하였
은즉 여자라 칭하리라 하니라
24. 이러므로 남자가 부모를 떠나 그 아내와 연합하여 둘이 한 몸을 이룰찌로다
25. 아담과 그 아내 두 사람이 벌거벗었으나 부끄러워 아니하리라

엡 5:31 이러므로 사람이 부모를 떠나 그 아내와 합하여 그 둘이 한 육체가 될찌니
33. 그러나 너희도 각각 자기 아내 사랑하기를 자기같이 하고 아내도 그 남편을 경외하라

고전 7:1 너희의 쓴 말에 대하여는 남자가 여자를 가까이 아니함이 좋으나
2. 음행의 연고로 남자마다 자기 아내를 두고 여자마다 자기 남편을 두라
4. 아내가 자기 몸을 주장하지 못하고 오직 그 남편이 하며 남편도 이와 같이 자기 몸을
주장하지 못하고 오직 그 아내가 하나니
8. 내가 혼인하지 아니한 자들과 및 과부들에게 이르노니 나와 같이 그냥 지내는 것이 좋
으니라
14. 믿지 아니하는 남편이 아내로 인하여 거룩하게 되고 믿지 아니하는 아내가 남편으로
인하여 거룩하게 되나니 그렇지 아니하면 너희 자녀도 깨끗지 못하니라라 그러나 이제
거룩하니라
16. 아내된 자여 네가 남편을 구원할는지 어찌 알 수 있으며 남편된 자여 네가 네 아내를
구원할는지 어찌 알 수 있으리요
26. 내 생각에는 이것이 좋으니 곧 임박한 환난을 인하여 사람이 그냥 지내는 것이 좋으
니라
28. 그러나 장가 가도 죄 짓는 것이 아니요 처녀가 시집 가도 죄 짓는 것이 아니로되 이
런 이들은 육신에 고난이 있으리니 나는 너희를 아끼노라

29. 형제들아 내가 이 말을 하노니 때가 단축하여진고로 이 후부터 아내 있는 자들은 없
는 자 같이 하며

벧전 3:1 아내 된 자들아 이와 같이 자기 남편에게 순복하라 이는 혹 도를 순종치 아니하
는 자라도 말로 말미암지 않고 그 아내의 행위로 말미암아 구원을 얻게 하려 함이니
3. 너희 단장은 머리를 꾸미고 금을 차고 아름다운 옷을 입는 외모로 하지 말고
4. 오직 마음에 숨은 사람을 온유하고 안정한 심령의 썩지 아니할 것으로 하라 이는 하나
님 앞에 값진 것이니라
6. 사라가 아브라함을 주라 칭하여 복종한 것 같이 너희가 선을 행하고 아무 두려운 일에
도 놀라지 아니함으로 그의 딸이 되었느니라
7. 남편 된 자들아 이와 같이 지식을 따라 너희 아내와 동거하고 저는 더 연약한 그릇이요
또 생명의 은혜를 유업으로 함께 받을 자로 알아 귀히 여기라 이는 너희 기도가 막히지
아니하게 하려 함이라
15. 너희 마음에 그리스도를 주로 삼아 거룩하게 하고 너희 속에 있는 소망에 관한 이유
를 묻는 자에게는 대답할 것을 항상 예비하되 온유와 두려움으로 하고
16. 선한 양심을 가지라 이는 그리스도 안에 있는 너희의 선행을 욕하는 자들로 그 비방
하는 일에 부끄러움을 당하게 하려 함이라
21. 물은 예수 그리스도의 부활하심으로 말미암아 이제 너희를 구원하는 표니 곧 세례라
육체의 더러운 것을 제하여 버림이 아니요 오직 선한 양심이 하나님을 향하여 찾아가는
것이라

잠 12:4 어진 여인은 그 지아비의 면류관이나 욕을 끼치는 여인은 그 지아비로 뼈가 썩음
같게 하느니라

잠 14:1 무릇 지혜로운 여인은 그 집을 세우되 미련한 여인은 자기 손으로 그것을 허느니
라

잠 31:10 누가 현숙한 여인을 찾아 얻겠느냐 그 값은 진주보다 더 하니라
12. 그런 자는 살아 있는 동안에 그 남편에게 선을 행하고 악을 행치 아니하느니라

22. 그는 자기를 위하여 아름다운 방석을 지으며 세마포와 자색 옷을 입으며
23. 그 남편은 그 땅의 장로로 더불어 성문에 앉으며 사람의 아는 바가 되며
30. 고운 것도 거짓되고 아름다운 것도 헛되나 오직 여호와를 경외하는 여자는 칭찬을 받
을 것이라

딤전 5:8 누구든지 자기 친족 특히 자기 가족을 돌아보지 아니하면 믿음을 배반한 자요
불신자보다 더 악한 자니라

롬 9:1 내가 그리스도 안에서 참말을 하고 거짓말을 아니하노라 내게 큰 근심이 있는 것
과 마음에 그치지 않는 고통이 있는 것을 내 양심이 성령 안에서 나로 더불어 증거하노니
4. 저희는 이스라엘 사람이라 저희에게는 양자 됨과 영광과 언약들과 율법을 세우신 것과
예배와 약속들이 있고

신 5:7 나 외에는 위하는 신들을 네게 있게 말찌니라
10. 나를 사랑하고 내 계명을 지키는 자에게는 천대까지 은혜를 베푸느니라

신 6:2 곧 너와 네 아들과 네 손자로 평생에 네 하나님 여호와를 경외하며 내가 너희에게
명한 그 모든 규례와 명령을 지키게 하기 위한 것이며 또 네 날을 장구케 하기 위한 것이
라
5. 너는 마음을 다하고 성품을 다하고 힘을 다하여 네 하나님 여호와를 사랑하라
9. 또 네 집 문설주와 바깥 문에 기록할찌니라
10. 네 하나님 여호와께서 네 열조 아브라함과 이삭과 야곱을 향하여 네게 주리라 맹세하
신 땅으로 너로 들어가게 하시고 네가 건축하지 아니한 크고 아름다운 성읍을 얻게 하시
며
11. 네가 채우지 아니한 아름다운 물건이 가득한 집을 얻게 하시며 네가 파지 아니한 우
물을 얻게 하시며 네가 심지 아니한 포도원과 감람나무를 얻게 하사 너로 배불리 먹게 하
실 때에

시편 128:1 여호와를 경외하며 그 도에 행하는 자마다 복이 있도다

4. 여호와를 경외하는 자는 이같이 복을 얻으리로다
5. 여호와께서 시온에서 네게 복을 주실찌어다 너는 평생에 예루살렘의 복을 보며
6. 네 자식의 자식을 볼찌어다 이스라엘에게 평강이 있을찌로다

골 3:18 아내들아 남편에게 복종하라 이는 주 안에서 마땅하니라
19. 남편들아 아내를 사랑하며 괴롭게 하지 말라
20. 자녀들아 모든 일에 부모에게 순종하라 이는 주 안에서 기쁘게 하는 것이니라
21. 아비들아 너희 자녀를 격노케 말찌니 낙심할까 함이라
22. 종들아 모든 일에 육신의 상전들에게 순종하되 사람을 기쁘게 하는 자와 같이 눈가림
만 하지 말고 오직 주를 두려워하여 성실한 마음으로 하라
23. 무슨 일을 하든지 마음을 다하여 주께 하듯 하고 사람에게 하듯하지 말라
24. 이는 유업의 상을 주께 받을 줄 앎이니 너희는 주 그리스도를 섬기느니라

단 7:18 지극히 높으신 자의 성도들이 나라를 얻으리니 그 누림이 영원하고 영원하고 영
원하리라
21. 내가 본즉 이 뿔이 성도들로 더불어 싸워 이기었더니

요 14:1 너희는 마음에 근심하지 말라 하나님을 믿으니 또 나를 믿으라
2. 내 아버지 집에 거할 곳이 많도다 그렇지 않으면 너희에게 일렀으리라 내가 너희를 위
하여 처소를 예비하러 가노니
3. 가서 너희를 위하여 처소를 예비하면 내가 다시 와서 너희를 내게로 영접하여 나 있는
곳에 너희도 있게 하리라
4. 내가 가는 곳에 그 길을 너희가 알리라
5. 도마가 가로되 주여 어디로 가시는지 우리가 알지 못하거늘 그 길을 어찌 알겠삽나이
까
6. 예수께서 가라사대 내가 곧 길이요 진리요 생명이니 나로 말미암지 않고는 아버지께로
올 자가 없느니라
27. 평안을 너희에게 끼치노니 곧 나의 평안을 너희에게 주노라 내가 너희에게 주는 것은
세상이 주는 것 같지 아니하니라 너희는 마음에 근심도 말고 두려워하지도 말라

마 6:9 그러므로 너희는 이렇게 기도하라 하늘에 계신 우리 아버지여 이름이 거룩히 여김을 받으시오며

10. 나라에 임하옵시며 뜻이 하늘에서 이룬 것 같이 땅에서도 이루어지이다

14. 너희가 사람의 과실을 용서하면 너희 천부께서도 너희 과실을 용서하시려니와

27. 너희 중에 누가 염려함으로 그 키를 한 자나 더할 수 있느냐

33. 너희는 먼저 그의 나라와 그의 의를 구하라 그리하면 이 모든 것을 너희에게 더하시리라

롬 14:17 하나님의 나라는 먹는 것과 마시는 것이 아니요 오직 성령 안에서 의와 평강과 희락이라

18. 이로써 그리스도를 섬기는 자는 하나님께 기뻐하심을 받으며 사람에게도 칭찬을 받느니라

창 22:2 여호와께서 가라사대 네 아들 네 사랑하는 독자 이삭을 데리고 모리아 땅으로 가서 내가 네게 지시하는 한 산 거기서 그를 번제로 드리라

12. 사자가 가라사대 그 아이에게 네 손을 대지 말라 아무 일도 그에게 하지 말라 네가 네 아들 네 독자라도 내게 아끼지 아니하였으니 내가 이제야 네가 하나님을 경외하는 줄을 아노라

14. 아브라함이 그 땅 이름을 여호와이레라 하였으므로 오늘까지 사람들이 이르기를 여호와의 산에서 준비되리라 하더라

롬 4:17 기록된바 내가 너를 많은 민족의 조상으로 세웠다 하심과 같으니 그의 믿은바 하나님은 죽은 자를 살리시며 없는 것을 있는 것 같이 부르시는 이시니라

고전 7:13 어떤 여자에게 믿지 아니하는 남편이 있어 아내와 함께 살기를 좋아하거든 그 남편을 버리지 말라

16. 아내된 자여 네가 남편을 구원할는지 어찌 알 수 있으며 남편된 자여 네가 네 아내를 구원할는지 어찌 알 수 있으리요

29. 형제들아 내가 이 말을 하노니 때가 단축하여진고로 이 후부터 아내 있는 자들은 없

는 자 같이 하며
33. 장가 간 자는 세상 일을 염려하여 어찌하여야 아내를 기쁘게 할꼬 하여 마음이 나누이며
34. 시집 가지 않은 자와 처녀는 주의 일을 염려하여 몸과 영을 다 거룩하게 하려 하되 시집 간 자는 세상 일을 염려하여 어찌하여야 남편을 기쁘게 할꼬 하느니라

잠언 25:24 다투는 여인과 함께 큰 집에서 사는 것보다 움막에서 혼자 사는 것이 나으니라

전도서 9:9 네 헛된 평생의 모든 날 곧 하나님이 해 아래서 네게 주신 모든 헛된 날에 사랑하는 아내와 함께 즐겁게 살찌어다 이는 네가 일평생에 해 아래서 수고하고 얻은 분복이니라

창 2:21 여호와 하나님이 아담을 깊이 잠들게 하시니 잠들매 그가 그 갈빗대 하나를 취하고 살로 대신 채우시고
24. 이러므로 남자가 부모를 떠나 그 아내와 연합하여 둘이 한 몸을 이룰찌로다

엡 5:18 술 취하지 말라 이는 방탕한 것이니 오직 성령의 충만을 받으라
20. 범사에 우리 주 예수 그리스도의 이름으로 항상 아버지 하나님께 감사하며
21. 그리스도를 경외함으로 피차 복종하라
22. 아내들이여 자기 남편에게 복종하기를 주께 하듯 하라
23. 이는 남편이 아내의 머리 됨이 그리스도께서 교회의 머리 됨과 같음이니 그가 친히 몸의 구주시니라
31. 이러므로 사람이 부모를 떠나 그 아내와 합하여 그 둘이 한 육체가 될찌니

말라기 2:14 너희는 이르기를 어찜이니까 하는도다 이는 너와 너의 어려서 취한 아내 사이에 여호와께서 일찌기 증거하셨음을 인함이니라 그는 네 짝이요 너와 맹약한 아내로되 네가 그에게 궤사를 행하도다
16. 이스라엘의 하나님 여호와가 이르노니 나는 이혼하는 것과 학대로 옷을 가리우는 자

를 미워하노라 만군의 여호와의 말이니라 그러므로 너희 심령을 삼가 지켜 궤사를 행치 말찌니라

잠언 30:11 아비를 저주하며 어미를 축복하지 아니하는 무리가 있느니라
12. 스스로 깨끗한 자로 여기면서 오히려 그 더러운 것을 씻지 아니하는 무리가 있느니라
13. 눈이 심히 높으며 그 눈꺼풀이 높이 들린 무리가 있느니라
14. 앞니는 장검 같고 어금니는 군도 같아서 가난한 자를 땅에서 삼키며 궁핍한 자를 사람 중에서 삼키는 무리가 있느니라
15. 거머리에게는 두 딸이 있어 다고 다고 하느니라 족한 줄을 알지 못하여 족하다 하지 아니하는 것 서넛이 있나니
16. 곧 음부와 아이 배지 못하는 태와 물로 채울 수 없는 땅과 족하다 하지 아니하는 불이니라
17. 아비를 조롱하며 어미 순종하기를 싫어하는 자의 눈은 골짜기의 까마귀에게 쪼이고 독수리 새끼에게 먹히리라

눅 23:28 예수께서 돌이켜 그들을 향하여 가라사대 예루살렘의 딸들아 나를 위하여 울지 말고 너희와 너희 자녀를 위하여 울라

자녀 교육을 예수 그리스도의 진리 안에서 하자

시 27:10 내 부모는 나를 버렸으나 여호와는 나를 영접하시리이다

어떤 부모는 하나님의 말씀 안에서 양육하여 자녀에게 존경을 받지만 그렇지 못하면 자녀를 잃어버린 것입니다.

요 8:44 너희는 너희 아비 마귀에게서 났으니 너희 아비의 욕심을 너희도 행하고자 하느니라 저는 처음부터 살인한 자요 진리가 그 속에 없으므로 진리에 서지 못하고 거짓을 말할 때마다 제 것으로 말하나니 이는 저가 거짓말장이요 거짓의 아비가 되었음이니라

마 23:9 땅에 있는 자를 아비라 하지 말라 너희 아버지는 하나이시니 곧 하늘에 계신 자시니라

자기만 생각하고 이기적인 생활을 가르치면 부모의 자격이 없다.

엡 6:4 또 아비들아 너희 자녀를 노엽게 하지 말고 오직 주의 교양과 훈계로 양육하라

막 3:35 누구든지 하나님의 뜻대로 하는 자는 내 형제요 자매요 모친이니라

잠 22:6 마땅히 행할 길을 아이에게 가르치라 그리하면 늙어도 그것을 떠나지 아니하리라

잠 29:15 채찍과 꾸지람이 지혜를 주거늘 임의로 하게 버려두면 그 자식은 어미를 욕되게 하느니라

신 8:1 내가 오늘날 명하는 모든 명령을 너희는 지켜 행하라 그리하면 너희가 살고 번성
하고 여호와께서 너희의 열조에게 맹세하신 땅에 들어가서 그것을 얻으리라
6. 네 하나님 여호와의 명령을 지켜 그 도를 행하며 그를 경외할찌니라
10. 네가 먹어서 배불리고 네 하나님 여호와께서 옥토로 네게 주셨음을 인하여 그를 찬송
하리라
11. 내가 오늘날 네게 명하는 여호와의 명령과 법도와 규례를 지키지 아니하고 네 하나님
여호와를 잊어버리게 되지 않도록 삼갈찌어다
12. 네가 먹어서 배불리고 아름다운 집을 짓고 거하게 되며
13. 또 네 우양이 번성하며 네 은금이 증식되며 네 소유가 다 풍부하게 될 때에
17. 또 두렵건대 네가 마음에 이르기를 내 능과 내 손의 힘으로 내가 이 재물을 얻었다 할
까 하노라
19. 네가 만일 네 하나님 여호와를 잊어버리고 다른 신들을 좇아 그들을 섬기며 그들에게
절하면 내가 너희에게 증거하노니 너희가 정녕히 멸망할 것이라

잠 23:13 아이를 훈계하지 아니치 말라 채찍으로 그를 때릴지라도 죽지 아니하리라

잠 4:1 아들들아 아비의 훈계를 들으며 명철을 얻기에 주의하라
10. 내 아들아 들으라 내 말을 받으라 그리하면 네 생명의 해가 길리라
11. 내가 지혜로운 길로 네게 가르쳤으며 정직한 첩경으로 너를 인도하였은즉
12. 다닐 때에 네 걸음이 곤난하지 아니하겠고 달려갈 때에 실족지 아니하리라
13. 훈계를 굳게 잡아 놓치지 말고 지키라 이것이 네 생명이니라

신 21:18 사람에게 완악하고 패역한 아들이 있어 그 아비의 말이나 그 어미의 말을 순종
치 아니하고 부모가 징책하여도 듣지 아니하거든
19. 그 부모가 그를 잡아가지고 성문에 이르러 그 성읍 장로들에게 나아가서
20. 그 성읍 장로들에게 말하기를 우리의 이 자식은 완악하고 패역하여 우리 말을 순종치
아니하고 방탕하며 술에 잠긴 자라 하거든

렘 5:7 내가 어찌 너를 사하겠느냐 네 자녀가 나를 버리고 신이 아닌 것들로 맹세하였으

며 내가 그들을 배불리 먹인즉 그들이 행음하며 창기의 집에 허다히 모이며
8. 그들은 살찌고 두루 다니는 수말 같이 각기 이웃의 아내를 따라 부르짖는도다
9. 나 여호와가 이르노라 내가 어찌 이 일들을 인하여 벌하지 아니하겠으며 내 마음이 이
런 나라에 보수하지 않겠느냐
10. 너희는 그 성벽에 올라가 훼파하되 다 훼파하지 말고 그 가지만 꺾어버리라 여호와의
것이 아님이니라
11. 나 여호와가 말하노라 이스라엘 족속과 유다 족속이 내게 심히 패역하였느니라
12. 그들이 여호와를 인정치 아니하며 말하기를 여호와는 계신 것이 아닌즉 재앙이 우리
에게 임하지 않을 것이요 우리가 칼과 기근을 보지 아니할 것이며

잠 19:18 네가 네 아들에게 소망이 있은즉 그를 징계하고 죽일 마음은 두지 말지니라

잠 1:7 여호와를 경외하는 것이 지식의 근본이어늘 미련한 자는 지혜와 훈계를 멸시하느니라

잠 5:23 그는 훈계를 받지 아니함을 인하여 죽겠고 미련함이 많음을 인하여 혼미하게 되느니라

애 2:19 밤 초경에 일어나 부르짖을지어다 네 마음을 주의 얼굴 앞에 물 쏟듯 할 찌어다 각 길머리에서 주려 혼미한 네 어린 자녀의 생명을 위하여 주를 향하여 손을 들찌어다 하였도다

사 29:24 마음이 혼미하던 자도 총명하게 되며 원망하던 자도 교훈을 받으리라 하셨느니라

신 6:5 너는 마음을 다하고 성품을 다하고 힘을 다하여 네 하나님 여호와를 사랑하라
7. 네 자녀에게 부지런히 가르치며 집에 앉았을 때에든지 길에 행할 때에든지 누웠을 때
에든지 일어날 때에든지 이 말씀을 강론할 것이며
9. 또 네 집 문설주와 바깥문에 기록할지니라
11. 네가 채우지 아니한 아름다운 물건이 가득한 집을 얻게 하시며 네가 파지 아니한 우
물을 얻게 하시며 네가 심지 아니한 포도원과 감람나무를 얻게 하사 너로 배불리 먹게 하

실 때에
12. 너는 조심하여 너를 애굽 땅 종 되었던 집에서 인도하여 내신 여호와를 잊지 말고

요엘 1:3 너희는 이 일을 너희 자녀에게 고하고 너희 자녀는 자기 자녀에게 고하고 그 자녀는 후시대에 고할 것이니라

호 4: 2 오직 저주와 사위와 살인과 투절과 간음 뿐이요 강포하여 피가 피를 뒤대임이라
3. 그러므로 이 땅이 슬퍼하며 무릇 거기 거하는 자와 들짐승과 공중에 나는 새가 다 쇠진할 것이요 바다의 고기도 없어지리라
4. 그러나 아무 사람이든지 다투지도 말며 책망하지도 말라 네 백성들이 제사장과 다투는 자 같이 되었음이니라
5. 너는 낮에 거치겠고 너와 함께 있는 선지자는 밤에 거치리라 내가 네 어미를 멸하리라
6. 내 백성이 지식이 없으므로 망하는도다 네가 지식을 버렸으니 나도 너를 버려 내 제사장이 되지 못하게 할 것이요 네가 네 하나님의 율법을 잊었으니 나도 네 자녀들을 잊어버리리라

암 8:11 주 여호와께서 가라사대 보라 날이 이를찌라 내가 기근을 땅에 보내리니 양식이 없어 주림이 아니며 물이 없어 갈함이 아니요 여호와의 말씀을 듣지 못한 기갈이라

빌 4:6 아무것도 염려하지 말고 오직 모든 일에 기도와 간구로 너희 구할 것을 감사함으로 하나님께 아뢰라

벧전 5:7 너희 염려를 다 주께 맡겨버리라 이는 저가 너희를 권고하심이니라

살전 5:16 항상 기뻐하라
17. 쉬지 말고 기도하라
18. 범사에 감사하라 이는 그리스도 예수 안에서 너희를 향하신 하나님의 뜻이니라
23. 평강의 하나님이 친히 너희를 온전히 거룩하게 하시고 또 너희의 온 영과 혼과 몸이 우리 주 예수 그리스도 강림하실 때에 흠 없게 보전되기를 원하노라

부모에게 효도하면 잘된다

- 한국은 동방예의지국이다 -

엡 6:1 자녀들아 너희 부모를 주 안에서 순종하라 이것이 옳으니라

부모를 예수님 안에서 효도하십시오. 예수님 없는 효도는 기준이 없습니다.

출 20:12 네 부모를 공경하라 그리하면 너의 하나님 나 여호와가 네게 준 땅에서 네 생명이 길리라

마 15:4 하나님이 이르셨으되 네 부모를 공경하라 하시고 또 아비나 어미를 훼방하는 자는 반드시 죽으리라 하셨거늘

골 3:20 자녀들아 모든 일에 부모에게 순종하라 이는 주 안에서 기쁘게 하는 것이니라

딤후 3:1 네가 이것을 알라 말세에 고통하는 때가 이르리니
2. 사람들은 자기를 사랑하며 돈을 사랑하며 자긍하며 교만하며 훼방하며 부모를 거역하며 감사치 아니하며 거룩하지 아니하며
3. 무정하며 원통함을 풀지 아니하며 참소하며 절제하지 못하며 사나우며 선한 것을 좋아 아니하며
4. 배반하여 팔며 조급하며 자고하며 쾌락을 사랑하기를 하나님 사랑하는 것보다 더하며 경건의 모양은 있으나 경건의 능력은 부인하는 자니 이 같은 자들에게서 네가 돌아서라

부모와 자식간에 원통한 일이 있으면 풀어버려야 합니다.

잠 23:25 네 부모를 즐겁게 하며 너 낳은 어미를 기쁘게 하라

막 7:10 모세는 네 부모를 공경하라 하고 또 아비나 어미를 훼방하는 자는 반드시 죽으리라 하였거늘

잠 28:24 부모의 물건을 도덕질하고 죄가 아니라 하는 자는 멸망케 하는 자의 동류니라

말 4:6 그가 아비의 마음을 자녀에게로 돌이키게 하고 자녀들의 마음을 그들의 아비에게로 돌이키게 하리라 돌이키지 아니하면 두렵건대 내가 와서 저주로 그 땅을 칠까 하노라 하시니라

창 27:4 나의 즐기는 별미를 만들어 내게로 가져다가 먹게 하여 나로 죽기 전에 내 마음껏 네게 축복하게 하라

겔 18:20 범죄하는 그 영혼은 죽을찌라 아들은 아비의 죄악을 담당치 아니할 것이요 아비는 아들의 죄악을 담당치 아니하리니 의인의 의도 자기에게로 돌아가고 악인의 악도 자기에게로 돌아가리라
21. 그러나 악인이 만일 그 행한 모든 죄에서 돌이켜 떠나 내 모든 율례를 지키고 법과 의를 행하면 정녕 살고 죽지 아니할 것이라
22. 그 범죄한 것이 하나도 기억함이 되지 아니하리니 그 행한 의로 인하여 살리라
23. 나 주 여호와가 말하노라 내가 어찌 악인의 죽는 것을 조금인들 기뻐하랴 그가 돌이켜 그 길에서 떠나서 사는 것을 어찌 기뻐하지 아니하겠느냐
24. 만일 의인이 돌이켜 그 의에서 떠나서 범죄하고 악인의 행하는 모든 가증한 일대로 행하면 살겠느냐 그 행한 의로운 일은 하나도 기억함이 되지 아니하리니 그가 그 범한 허물과 그 지은 죄로 인하여 죽으리라
25. 그런데 너희는 이르기를 주의 길이 공평치 않다 하는도다 이스라엘 족속아 들을찌어다 내 길이 어찌 공평치 아니하냐 너희 길이 공평치 않은 것이 아니냐
26. 만일 의인이 그 의를 떠나 죄악을 행하고 인하여 죽으면 그 행한 죄악으로 인하여 죽는 것이요
27. 만일 악인이 그 행한 악을 떠나 법과 의를 행하면 그 영혼을 보전하리라
28. 그가 스스로 헤아리고 그 행한 모든 죄악에서 돌이켜 떠났으니 정녕 살고 죽지 아니하리라

새 예루살렘 성에서 새 시대 여십니다

계 21:3 내가 들으니 보좌에서 큰 음성이 나서 가로되 보라 하나님의 장막이 사람들과 함께 있으매 하나님이 저희와 함께 거하시리니 저희는 하나님의 백성이 되고 하나님은 친히 저희과 함께 계셔서

열왕기상 17:22 여호와께서 엘리야의 소리를 들으시므로 그 아이의 혼이 몸으로 돌아오고 살아난지라

행 3:22 모세가 말하되 주 하나님이 너희를 위하여 너희 형제 가운데서 나 같은 선지자 하나를 세울 것이니 너희가 무엇이든지 그 모든 말씀을 들을 것이라

하나님이 반드시 대한민국을 세워 일하실 것입니다.

신 17:15 반드시 네 하나님 여호와의 택하신 자를 네 위에 왕으로 세울 것이며 네 위에 왕을 세우려면 네 형제 중에서 한 사람으로 할 것이요 네 형제 아닌 타국인을 네 위에 세우지 말 것이며

신 18:15 네 하나님 여호와께서 너의 중 네 형제 중에서 나와 같은 선지자 하나를 너를 위하여 일으키시리니 너희는 그를 들을찌니라

대한민국을 세우실 하나님을 찬양합니다. 대한민국은 왕 같은 제사장 나라가 될 것입니다. 거룩한 백성으로 반드시 삼으실 것입니다. 우리는 더 예수님의 보혈을 의지해야 합니다. 더 십자가를 자랑해야 합니다. 더 말씀에 젖어 들어야 합니다. 우리를 쓰실 하나님이 우리를 세우실 것입니다. 하나님께서 계시와 함께

사 9: 6 이는 한 아기가 우리에게 났고 한 아들을 우리에게 주신바 되었는데 그 어깨에는 정사를 메었고 그 이름은 기묘자라, 모사라, 전능하신 하나님이라, 영존하시는 아버지라, 평강의 왕이라 할 것임이라

예수님의 이름이 대한민국에서 다시 거룩하게 불림을 받으셔야 합니다. 그 이름의 능력이 여기에서 풀어져야 합니다. 우리는 더 회개해야 합니다. 예수님의 피에 더 잠겨야 합니다. 이 역사는 반드시 일어날 것입니다. 거룩한 세대로 하나님은 우리 세대를 세우실 것입니다. 그래서 예수님의 이름이 기묘자, 모사, 전능하신 하나님, 영존하신 아버지, 평강의 왕 그렇게 이름이 불려질 것입니다.

계 11:3 내가 나의 두 증인에게 권세를 주리니 저희가 굵은 베옷을 입고 일천이백육십일을 예언하리라

경인 목사(손자) 1969년 어느 날 꿈에 큰언니로부터 숨이 넘어가는 경인이를 데리고 와서 나에게 맡겼습니다. 나는 그 순간 경인이를 모세와 같이 하나님이 키워주실 걸 믿으면서 하나님의 법을 다루는 목사가 될 것을 믿었습니다. 또한 수빈 판사도 큰언니의 아들의 딸로서 법을 다루는 사람입니다. 그러므로 하나님의 법을 다루는 목사들이나 세계 법을 다루는 판사들을 가볍게 보지 말고 서로 존중해야 합니다. 두사람뿐 아니라 많은 목사들이나 법을 다루는 판사들이나 모두 하나님의 법을 지켜서 잘 해주실 것을 믿습니다.

잠 27:23 네 양떼의 형편을 부지런히 살피며 네 소떼에 마음을 두라

하박국 3:1 시기오놋에 맞춘바 선지자 하박국의 기도라
16. 내가 들었으므로 내 창자가 흔들렸고 그 목소리로 인하여 내 입술이 떨렸도다 무리가 우리를 치러 올라오는 환난날을 내가 기다리므로 내 뼈에 썩이는 것이 들어왔으며 내 몸은 내 처소에서 떨리는도다
17. 비록 무화과나무가 무성하지 못하며 포도나무에 열매가 없으며 감람나무에 소출이 없으며 밭에 식물이 없으며 우리에 양이 없으며 외양간에 소가 없을지라도

18. 나는 여호와를 인하여 즐거워하며 나의 구원의 하나님을 인하여 기뻐하리로다

사 60:1 일어나라 빛을 발하라 이는 네 빛이 이르렀고 여호와의 영광이 네 위에 임하였음
이니라
10. 내가 노하여 너를 쳤으나 이제는 나의 은혜로 너를 긍휼히 여겼은즉 이방인들이 네
성벽을 쌓을 것이요 그 왕들이 너를 봉사할 것이며
22. 그 작은 자가 천을 이루겠고 그 약한 자가 강국을 이룰것이라 때가 되면 나 여호와가
속히 이루리라

사 41:10 두려워 말라 내가 너와 함께 함이니라 놀라지 말라 나는 네 하나님이 됨이니라 내가 너를 굳세게 하리라 참으로 너를 도와 주리라 참으로 나의 의로운 오른손으로 너를 붙들리라

호산나교회와 세계교회는 다시 새 시대를 여신다.

슥 8:1 만군의 여호와의 말씀이 임하여 이르시되
3. 나 여호와가 말하노라 내가 시온에 돌아왔은즉 예루살렘 가운데 거하리니 예루살렘은
진리의 성읍이라 일컫겠고 만군의 여호와의 산은 성산이라 일컫게 되리라
4. 만군의 여호와가 말하노라 예루살렘 길거리에 늙은 지아비와 늙은 지어미가 다시 앉을
것이라 다 나이 많으므로 각기 손에지팡이를 잡을 것이요
7. 만군의 여호와가 말하노라 내가 내 백성을 동방에서부터 서방에서부터 구원하여 내고
15. 이제 내가 예루살렘과 유다 족속에게 은혜를 베풀기로 뜻하였나니 너희는 두려워 말
찌니라

두 딸은 평생 어미의 손발이 되어 하나님께 감사드립니다.

사망권세 이기시고 부활 승천하신 예수 그리스도 권능하신 주님

고전 15:31 형제들아 내가 그리스도 예수 우리 주 안에서 가진바 너희에게 대한 나의 자
랑을 두고 단언하노니 나는 날마다 죽노라
36. 어리석은 자여 너의 뿌리는 씨가 죽지 않으면 살아나지 못하겠고

죽어야 삽니다. 죽지 않으면 정말 죽습니다. 인간관계에서도 때로는 우리가 죽지 않으면 인간관계가 깨지고 맙니다. 그러나 우리가 양보하고 죽으면 관계는 더 굳건해지고 신뢰는 두터워집니다. 특히 가정에서 부부관계는 더더욱 그렇습니다. 우리가 죽으면 가정은 평안합니다. 우리 예수님이 우리의 신랑이 되시는데 우리가 죽지 않으면 우리는 신부일 수 없습니다. 우리가 죽을 때, 우리는 주님과 한 몸이 됩니다. 내가 죽는 것은 십자가에 내가 못 박히고 보혈에 적셔지는 것입니다. 그러면 그분이 내 안에 계십니다. 사망 권세를 이기는 이김은 죽음에서 시작됩니다.

요 12:24 내가 진실로 진실로 너희에게 이르노니 한 알의 밀이 땅에 떨어져 죽지 아니하
면 한 알 그대로 있고 죽으면 많은 열매를 맺느니라

하나님은 열매를 기뻐하십니다. 우리는 열매를 많이 맺어야 합니다. 열매를 많이 맺는 것은 내가 예수님 안에 있을 때, 열매는 풍성합니다. 회개에 합당한 열매는 다름이 아니라 내 안에 예수님을 모시는 것, 곧 회개는 내 죄를 예수님의 보혈로 씻기는 것이고 그러면 회개에 합당한 열매가 넘쳐나게 됩니다.

빌 1:8 내가 예수 그리스도의 심장으로 너희 무리를 어떻게 사모하는지 하나님이 내 증
인이시라
20. 나의 간절한 기대와 소망을 따라 아무 일에든지 부끄럽지 아니하고 오직 전과 같이

이제도 온전히 담대하여 살든지 죽든지 내 몸에서 그리스도가 존귀히 되게 하려 하나니
21. 이는 내게 사는 것이 그리스도니 죽는 것도 유익함이니라

우리는 반드시 이식을 받아야 합니다. 심장이식입니다. 우리 심장은 썩어지는 것이지만 예수님의 심장은 영원히 살아있는 심장. 우리는 예수님의 심장을 내 심장에 심어야 합니다. 예수님의 보혈로 채워지면 내 안에 그리스도의 심장이 박동합니다. 심장이식이 없으면 우리는 죽습니다. 그러나 그리스도의 심장이 우리 몸에 이식되면 우리는 삽니다. 그리고 존귀함이 그 안에서 드러납니다.

빌 1:27 오직 너희는 그리스도 복음에 합당하게 생활하라 이는 내가 너희를 가보나 떠나 있으나 너희가 일심으로 서서 한뜻으로 복음의 신앙을 위하여 협력하는 것과

우리는 매사에 하나님의 뜻에 합당하게 살아야 합니다. 하나님의 뜻은 아들을 보고 믿는 것, 예수님의 생명으로 사는 삶입니다.

빌 2:1 그러므로 그리스도 안에 무슨 권면이나 사랑에 무슨 위로나 성령의 무슨 교제나 긍휼이나 자비가 있거든
3. 아무 일에든지 다툼이나 허영으로 하지 말고 오직 겸손한 마음으로 각각 자기보다 남을 낫게 여기고
5. 너희 안에 이 마음을 품으라 곧 그리스도 예수의 마음이니
6. 그는 근본 하나님의 본체시나 하나님과 동등됨을 취할 것으로 여기지 아니하시고

아무 일에든지 우리는 넉넉히 이기며 삽니다. 우리 안에 그리스도가 계시기 때문입니다. 다툼이나 허영이 머물 자리가 없습니다. 겸손하신 예수님의 마음이 내 안에 계시기 때문입니다. 그 마음을 죄인인 우리에게 선물로 주시다니 이 얼마나 감사한 일입니까!! 우리는 그래서 기뻐합니다. 그리고 우리는 기도하며 예수님을 우리 안에 모십니다. 그러면 우리는 예수님을 닮게 됩니다.

갈 2:20 내가 그리스도와 함께 십자가에 못 박혔나니 그런즉 이제는 내가 산 것이 아니요

오직 내 안에 그리스도께서 사신 것이라 이제 내가 육체 가운데 사는 것은 나를 사랑하사 나를 위하여 자기 몸을 버리신 하나님의 아들을 믿는 믿음 안에서 사는 것이라

하나님의 아들을 믿는 믿음 안에서 사는 것이 축복입니다. 믿음에서 믿음에 이르는 길이 여기 있기 때문입니다.

딤후 2:11 미쁘다 이 말이여, 우리가 주와 함께 죽었으면 또한 함께 살 것이요
24. 마땅히 주의 종은 다투지 아니하고 모든 사람을 대하여 온유하며 가르치기를 잘하며 참으며
16. 망령되고 헛된 말을 버리라 저희는 경건치 아니함에 점점 나아가나니

복음에 합당한 말이 우리 입에 새겨져 있습니다. 위로하고 축복하고 격려하고 은혜를 끼치는 우리의 입, 예수님의 보혈로 살아난 우리의 입이기 때문입니다. 싸움의 시작이 입에 있는데 입에 예수님의 말씀이 새겨져 있으니 안심입니다.

롬 6:3 무릇 그리스도 예수와 합하여 세례를 받은 우리는 그의 죽으심과 합하여 세례받은 줄을 알지 못하느뇨
6. 우리가 알거니와 우리 옛사람이 예수와 함께 십자가에 못 박힌 것은 죄의 몸이 멸하여 다시는 우리가 죄에게 종노릇 하지 아니하려 함이니
9. 이는 그리스도에서 죽은 자 가운데서 사셨으매 다시 죽지 아니하시고 사망이 다시 그를 주장하지 못할 줄을 앎이로라
우리 옛사람은 죄에게 종노릇하는 사람, 그러나 예수님이 우리 죄를 보혈로 씻기시니 이제 우리는 죄에서 자유, 진리가 우리를 자유케 하셨습니다. 우리 예수님과 함께 죽어 이제 함께 살았으니 감사할 뿐입니다.

마 22:31 죽은 자의 부활을 의논할찐대 하나님이 너희에게 말씀하신바
32. 나는 아브라함의 하나님이요 이삭의 하나님이요 야곱의 하나님이로라 하신 것을 읽어 보지 못하였느냐 하나님은 죽은 자의 하나님이 아니요 산 자의 하나님이시라 하시니

사 35:1 광야와 메마른 땅이 기뻐하며 사막이 백합화 같이 피어 즐거워하며
8. 거기 대로가 있어 그 길을 거룩한 길이라 일컫는바 되리니 깨끗지 못한 자는 지나지 못하겠고 오직 구속함을 입은 자들을 위하여 있게 된 것이라 우매한 행인은 그 길을 범치 못할 것이며
10. 여호와의 속량함을 얻은 자들이 돌아오되 노래하며 시온에 이르러 그 머리 위에 영영한 희락을 띠고 기쁨과 즐거움을 얻으리니 슬픔과 탄식이 달아나리로다

거룩한 길이 사막의 펼쳐집니다. 그 삭막한 땅에 백합화가 피고 생명의 샘이 솟고 우리 하나님이 얼마든지 하실 수 있는 창조이지요. 그러나 우리 하나님은 예수님을 땅에 보내셔서 사막에 생명수의 샘을 끌어내셨습니다. 십자가 위에서 피흘려주심으로 땅은 생명을 얻습니다. 사막에 꽃이 피어납니다. 그날에 기쁨과 희락이 우리를 덮어 버립니다. 지금이 그 시간입니다. 구원의 날, 은혜의 날입니다. 이내 슬픔과 탄식은 달아납니다.

렘 31:31 나 여호와가 말하노라 보라 날이 이르리니 내가 이스라엘 집과 유다 집에 새 언약을 세우리라
33. 나 여호와가 말하노라 그러나 그 날 후에 내가 이스라엘 집에 세울 언약은 이러하니 곧 내가 나의 법을 그들의 속에 두며 그 마음에 기록하여 나는 그들의 하나님이 되고 그들은 내 백성이 될 것이라

우리는 언약의 자녀가 아닙니다. 새 언약의 자녀입니다. 우리 손에 잡힌 성경이 아니라 우리의 속에 담긴 말씀, 살아있는 하나님의 말씀, 예수님의 보혈의 피에 적셔진 말씀이 내 안에 있기에 이제 나는 새언약의 백성 하나님의 백성이 됩니다.

사 43:1 야곱아 너를 창조하신 여호와께서 이제 말씀하시느니라 이스라엘아 너를 조성하신 자가 이제 말씀하시느니라 너는 두려워 말라 내가 너를 구속하였고 내가 너를 지명하여 불렀나니 너는 내것이라
18. 너희는 이전 일을 기억하지 말며 옛적 일을 생각하지 말라
21. 이 백성은 내가 나를 위하여 지었나니 나의 찬송을 부르게 하려 함이니라

이제 우리의 입술에 진정한 찬송이 하나님께 올려집니다. 구원의 감격으로 올려지는 가슴의 찬양, 생명의 찬양이 이제 시작되었습니다. 예수님의 피로 만들어진 멜로디로 올려드려지는 찬양입니다.

계 21:1 또 내가 새 하늘과 새 땅을 보니 처음 하늘과 처음 땅이 없어졌고 바다도 다시 있지 않더라
2. 또 내가 보매 거룩한 성 새 예루살렘이 하나님께로부터 하늘에서 내려오니 그 예비한 것이 신부가 남편을 위하여 단장한 것 같더라
3. 내가 들으니 보좌에서 큰 음성이 나서 가로되 보라 하나님의 장막이 사람들과 함께 있으매 하나님이 저희와 함께 거하시리니 저희는 하나님의 백성이 되고 하나님은 친히 저희와 함께 계셔서
4. 모든 눈물을 그 눈에서 씻기시매 다시 사망이 없고 애통하는 것이나 곡하는 것이나 아픈 것이 다시 있지 아니하리니 처음 것들이 다 지나갔음이러라
5. 보좌에 앉으신 이가 가라사대 보라 내가 만물을 새롭게 하노라 하시고 또 가라사대 이 말은 신실하고 참되니 기록하라 하시고
6. 또 내게 말씀하시되 이루었도다 나는 알파와 오메가요 처음과 나중이라 내가 생명수 샘물로 목마른 자에게 값 없이 주리니
7. 이기는 자는 이것들을 유업으로 얻으리라 나는 저의 하나님이 되고 그는 내 아들이 되리라
9. 일곱 대접을 가지고 마지막 일곱 재앙을 담은 일곱 천사 중 하나가 나아와서 내게 말하여 가로되 이리 오라 내가 신부 곧 어린 양의 아내를 네게 보이리라 하고

천상의 모습이 아름답습니다. 그러나 그 아름다움은 이미 우리 삶 속에도 이루어져 있습니다. 천국은 침노하는 자의 것이기 때문입니다. 회개하라 천국이 가까웠느니라 회개를 통과하면 우리 삶에 천국이 펼쳐집니다. 우리들 생명이 이제 영원에 잇대어 있습니다.

벧후 3:13 우리는 그의 약속대로 의의 거하는바 새 하늘과 새 땅을 바라보도다
14. 그러므로 사랑하는 자들아 너희가 이것을 바라보나니 주 앞에서 점도 없고 흠도 없이

평강 가운데서 나타나기를 힘쓰라

사 65:17 보라 내가 새 하늘과 새 땅을 창조하나니 이전 것은 기억되거나 마음에 생각나
지 아니할 것이라
19. 내가 예루살렘을 즐거워하며 나의 백성을 기뻐하리니 우는 소리와 부르짖는 소리가
그 가운데서 다시는 들리지 아니할 것이며

우리가 사모하는 나라입니다. 우리 땅에 거하면서 하늘의 은혜를 맛보며 우리도 새 노래를 부르지만 또 땅의 기질이 우리를 흔들어대면 우리 입에 불평이 담기고 또 쓸데없는 말들을 내뱉고, 그래서 우리는 늘 기도합니다. 주예수여 어서 오시옵소서!! 그때에는 완전한 노래로 찬양을 드릴 수 있겠지요. 마라나타!!

고후 12:1 무익하나마 내가 부득불 자랑하노니 주의 환상과 계시를 말하리라
2. 내가 그리스도 안에 있는 한 사람을 아노니 십 사년 전에 그가 셋째 하늘에 이끌려 간
자라 (그가 몸 안에 있었는지 몸 밖에 있었는지 나는 모르거니와 하나님은 아시느니라)
3. 내가 이런 사람을 아노니 (그가 몸 안에 있었는지 몸 밖에 있었는지 나는 모르거니와
하나님은 아시느니라)
4. 그가 낙원으로 이끌려가서 말할 수 없는 말을 들었으니 사람이 가히 이르지 못할 말이
로다

꿈에도 그리운 천국 나라, 낙원을 볼 수 있었던 것은 바울에게 특별한 은혜입니다. 그 은혜가 우리 삶속에서 아니 꿈속에서라도 보기를 간절히 소망합니다.

고후 5:17 그런즉 누구든지 그리스도 안에 있으면 새로운 피조물이라 이전 것은 지나갔
으니 보라 새 것이 되었도다
19. 이는 하나님께서 그리스도 안에 계시사 세상을 자기와 화목하게 하시며 저희의 죄를
저희에게 돌리지 아니하시고 화목하게 하는 말씀을 우리에게 부탁하셨느니라

우리 안에 부어진 참 생명 그 예수님의 보혈에 우리가 적셔지면 우리는 새로운 피조물입니다. 새 것입니다. 새 것은 다툼과 분열이 아니라 화목하게 하고 화해하는 일입니다. 우리가 화목의 제물이 되었으면 좋겠습니다.

벧후 1:4 이로써 그 보배롭고 지극히 큰 약속을 우리에게 주사 이 약속으로 말미암아 너희로 정욕을 인하여 세상에서 썩어질 것을 피하여 신의 성품에 참예하는 자가 되게 하려 하셨으니

5. 이러므로 너희가 더욱 힘써 너희 믿음에 덕을, 덕에 지식을,

6. 지식에 절제를, 절제에 인내를, 인내에 경건을,

7. 경건에 형제 우애를, 형제 우애에 사랑을 공급하라

8. 이런 것이 너희에게 있어 흡족한즉 너희로 우리 주 예수 그리스도를 알기에 게으르지 않고 열매 없는 자가 되지 않게 하려니와

9. 이런 것이 없는 자는 소경이라 원시치 못하고 그의 옛 죄를 깨끗케 하심을 잊었느니라

10. 그러므로 형제들아 더욱 힘써 너희 부르심과 택하심을 굳게 하라 너희가 이것을 행한즉 언제든지 실족지 아니하리라

11. 이같이 하면 우리 주 곧 구주 예수 그리스도의 영원한 나라에 들어감을 넉넉히 너희에게 주시리라

12. 이러므로 너희가 이것을 알고 이미 있는 진리에 섰으나 내가 항상 너희로 생각나게 하려 하노라

13. 내가 이 장막에 있을 동안에 너희를 일깨워 생각하게 함이 옳은 줄로 여기노니

14. 이는 우리 주 예수 그리스도께서 내게 지시하신 것 같이 나도 이 장막을 벗어날 것이 임박한 줄을 앎이라

15. 내가 힘써 너희로 하여금 나의 떠난 후에라도 필요할 때는 이런 것을 생각나게 하려 하노라

16. 우리 주 예수 그리스도의 능력과 강림하심을 너희에게 알게 한 것이 공교히 만든 이야기를 좇은 것이 아니요 우리는 그의 크신 위엄을 친히 본 자라

창세기에서 아니 구약에서 볼 수 없는 놀라운 특권을 하나님이 우리에게 부어주셨습니다. 신의 성품을 주셨습니다. 곧 그리스도 예수님의 마음입니다. 이 얼마나 감격스러운 말씀입니까! 세상에서 가장 짜릿하게 단 말씀. 어찌 만물보다 더 더럽고 추악한 우리에게 하나님의 마음 그 신의 성품을 주십니까!! 그런데 주셨습니다. 우리 예수님이 십자가에 못 박혀 죽으시고 보혈을 흘려 주심으로, 너무나 귀하고 복된 것이기에 예수님의 몸을 버리면서 바꾼 이 놀라운 은혜, 우리는 늘 찬송할 수 밖에 없는 존재입니다.

요 3:3 예수께서 대답하여 가라사대 진실로 진실로 네게 이르노니 사람이 거듭나지 아니하면 하나님 나라를 볼 수 없느니라

행 14:22 제자들의 마음을 굳게 하여 이 믿음에 거하라 권하고 또 우리가 하나님 나라에 들어가려면 많은 환난을 겪어야 할 것이라 하고
십자가에 달리시면서 주신 이 신의 성품은 그 십자가의 고난을 아는 자, 그 십자가를 지고 주님을 따르는 자, 곧 환난의 풀무불을 통과한 자에게 주시는 특별상입니다. 우리도 고난 중에 더 예수님을 묵상하며 그 축복에 참여하는 자면 좋겠습니다.

롬 14:17 하나님의 나라는 먹는 것과 마시는 것이 아니요 오직 성령 안에서 의와 평강과 희락이라
18. 이로써 그리스도를 섬기는 자는 하나님께 기뻐하심을 받으며 사람에게도 칭찬을 받느니라
19. 이러므로 우리가 화평의 일과 서로 덕을 세우는 일을 힘쓰나니

우리는 땅에서 먹고 마시는 일 때문에 날마다 싸웁니다. 이것 때문에 또한 우리는 노동에 최고의 가치를 둡니다. 지구촌은 이것 때문에 전쟁도 불사합니다. 땅의 것, 물론 우리가 무시할 수 없습니다. 우리 예수님도 일용할 양식의 중요성을 주기도문에서 알리셨습니다. 그러나 먹고 마시는 것을 우리 예수님이 보혈과 몸으로 주셨습니다. 성찬식은 하늘의 은혜를 맛보는 것입니다. 그리고 우리는 떡으로만 살지 않는다는 것을 하나님의 입의 말씀 곧 그분의 핏값으로 주신 이 보배로운 말씀으로 우리는 삽니다.

눅 17:21 또 여기 있다 저기 있다고도 못하리니 하나님의 나라는 너희 안에 있느니라
22. 또 제자들에게 이르시되 때가 이르리니 너희가 인자의 날 하루를 보고자 하되 보지 못하리라
23. 사람이 너희에게 말하되 보라 저기 있다 보라 여기 있다 하리라 그러나 너희는 가지도 말고 좇지도 말라
24. 번개가 하늘 아래 이편에서 번뜻하여 하늘 아래 저편까지 비췸 같이 인자도 자기 날에 그러하리라
25. 그러나 그가 먼저 많은 고난을 받으며 이 세대에게 버린바 되어야 할찌니라
30. 인자의 나타나는 날에도 이러하리라

우리 안에 천국을 심어 놓으셨습니다. 십자가 보혈을 믿으면 우리 삶에 천국은 침노합니다. 그러나 그 천국은 아직은 불안합니다. 완전한 천국은 우리 예수님이 다시 오실 때 우리에게 주실 것입니다. 우리가 천국의 은혜에 머무는 것은 십자가를 지고 갈 때입니다. 그래서 때로 고난도 있습니다.

단 2:44 이 열왕의 때에 하늘의 하나님이 한 나라를 세우시리니 이것은 영원히 망하지도 아니할 것이요 그 국권이 다른 백성에게로 돌아가지도 아니할 것이요 도리어 이 모든 나라를 쳐서 멸하고 영원히 설 것이라

계 11:15 일곱째 천사가 나팔을 불매 하늘에 큰 음성들이 나서 가로되 세상 나라가 우리 주와 그 그리스도의 나라가 되어 그가 세세토록 왕 노릇 하시리로다 하니

땅은 망하지만 하늘은 망하는 법이 없습니다. 하늘은 여전히 건재합니다. 그러나 땅은 가뭄에 마르기도 홍수에 잠기기도 지진에 사라지기도 이렇게 땅은 변덕스럽고 결국은 체질에 타서 사라져 버릴 것입니다. 하늘의 나라를 이 땅에서 살아가는 것은 오직 예수님의 십자가 보혈밖에 없습니다.

고전 7:29 형제들아 내가 이 말을 하노니 때가 단축하여진고로 이 후부터 아내 있는 자들은 없는 자 같이 하며

눅 18:29 이르시되 내가 진실로 너희에게 이르노니 하나님의 나라를 위하여 집이나 아내나 형제나 부모나 자녀를 버린 자는
30. 금세에 있어 여러 배를 받고 내세에 영생을 받지 못할 자가 없느니라 하시리라

우리 예수님이 제자들을 부르실 때 "나를 따르라" 모든 것을 버려두고 제자들은 따랐습니다. 그렇다고 그들이 이혼을 하고 따름은 아닙니다. 자녀를 버리고 따름도 아닙니다. 먼저 그의 나라와 의를 구한 것입니다. 부모나 자녀를 버리고 순교의 피를 흘렸습니다. 거룩한 순교가 부모나 자녀들에게 가장 큰 귀감이 됩니다. 복음을 위해서 자신을 불태우는 자, 그들은 가정을 더 복되게 하는 자들입니다. 버림이 아닙니다.

딤후 2:2 또 네가 많은 증인 앞에서 내게 들은 바를 충성된 사람들에게 부탁하라 저희가 또 다른 사람들을 가르칠 수 있으리라
3. 네가 그리스도 예수의 좋은 군사로 나와 함께 고난을 받을찌니
4. 군사로 다니는 자는 자기 생활에 얽매이는 자가 하나도 없나니 이는 군사로 모집한 자를 기쁘게 하려 함이라

군사입니까! 고난을 각오한 자들입니다. 싸움터에 나서는 자들입니다. 자기 목숨을 내놓고 싸우는 전투는 반드시 이깁니다. 충성된 군인은 오직 나라에 충성합니다. 우리를 군사로 부르신 예수님 우리도 반드시 좋은 군사가 되어야 합니다.

계 6:10 큰 소리로 불러 가로되 거룩하고 참되신 대주재여 땅에 거하는 자들을 심판하여 우리 피를 신원하여 주지 아니하시기를 어느 때까지 하시려나이까 하니
11. 각각 저희에게 흰 두루마기를 주시며 가라사대 아직 잠시 동안 쉬되 저희 동무 종들과 형제들도 자기처럼 죽임을 받아 그 수가 차기까지 하라 하시더라

계 14:1 또 내가 보니 보라 어린 양이 시온산에 섰고 그와 함께 십 사만 사천이 섰는데 그 이마에 어린 양의 이름과 그 아버지의 이름을 쓴 것이 있도다
2. 내가 하늘에서 나는 소리를 들으니 많은 물소리도 같고 큰 뇌성도 같은데 내게 들리는 소리는 거문고 타는 자들의 그 거문고 타는 것 같더라

3. 저희가 보좌와 네 생물과 장로들 앞에서 새 노래를 부르니 땅에서 구속함을 얻은 십 사
만 사천인 밖에는 능히 이 노래를 배울 자가 없더라
4. 이 사람들은 여자로 더불어 더럽히지 아니하고 정절이 있는 자라 어린 양이 어디로 인
도하든지 따라가는 자며 사람 가운데서 구속을 받아 처음 익은 열매로 하나님과 어린 양
에게 속한 자들이니
5. 그 입에 거짓말이 없고 흠이 없는 자들이더라
6. 또 보니 다른 천사가 공중에 날아가는데 땅에 거하는 자들 곧 여러 나라와 족속과 방언
과 백성에게 전할 영원한 복음을 가졌더라
7. 그가 큰 음성으로 가로되 하나님을 두려워하며 그에게 영광을 돌리라 이는 그의 심판
하실 시간이 이르렀음이니 하늘과 땅과 바다와 물들의 근원을 만드실 이를 경배하라 하더
라

순교자들의 피는 숭고합니다. 땅에서 가장 복된 사역을 마치고 하나님 품에 이르는 자들입니다. 하늘의 영광에 참여하는 자들입니다. 우리도 땅에서 순교자의 삶을 살 수 있습니다. 날마다 죽으면 됩니다. 그러나 정말 죽어야 합니다. 나의 기질, 나의 경험, 나의 지식을 다 내려놓고 성령님이 이끄시는 대로 살아내는 자가 순교자입니다. 그리고 하늘의 상을 받게 될 것입니다.

빌 3:7 그러나 무엇이든지 내게 유익하던 것을 내가 그리스도를 위하여 다 해로 여길뿐더
러
8. 또한 모든 것을 해로 여김은 내 주 그리스도 예수를 아는 지식이 가장 고상함을 인함이
라 내가 그를 인하여 모든 것을 잃어버리고 배설물로 여김은 그리스도를 얻고
14. 푯대를 향하여 그리스도 예수 안에서 하나님이 위에서 부르신 부름의 상을 위하여 좇
아가노라
20. 오직 우리의 시민권은 하늘에 있는지라 거기로서 구원하는 자 곧 주 예수 그리스도를
기다리노니
21. 그가 만물을 자기에게 복종케 하실 수 있는 자의 역사로 우리의 낮은 몸을 자기 영광
의 몸의 형체와 같이 변케 하시리라

하늘의 것이 귀한 것임을 아는 자는 땅의 것에 애착이 없습니다. 하늘에 시민권을 가지고 사는 자는 땅에 권력과 부와 명예에 집착하지 않습니다. 위에서 부름의 상이 더 복되기에 아니 땅의 상과 비교할 수 없기에 예수님의 얼굴이 있는 십자가를 바라고 늘 보혈의 능력으로 살아내는 사람들입니다.

딤후 4:1 하나님 앞과 산 자와 죽은 자를 심판하실 그리스도 예수 앞에서 그의 나타나실 것과 그의 나라를 두고 엄히 명하노니
3. 때가 이르리니 사람이 바른 교훈을 받지 아니하며 귀가 가려워서 자기의 사욕을 좇을 스승을 많이 두고
7. 내가 선한 싸움을 싸우고 나의 달려갈 길을 마치고 믿음을 지켰으니
8. 이제 후로는 나를 위하여 의의 면류관이 예비 되었으므로 주 곧 의로우신 재판장이 그 날에 내게 주실 것이니 내게만 아니라 주의 나타나심을 사모하는 모든 자에게니라
18. 주께서 나를 모든 악한 일에서 건져내시고 또 그의 천국에 들어가도록 구원하시리니 그에게 영광이 세세 무궁토록 있을찌어다 아멘

살후 2:12 진리를 믿지 않고 불의를 좋아하는 모든 자로 심판을 받게 하려 하심이니라

계 7:9 이 일 후에 내가 보니 각 나라와 족속과 백성과 방언에서 아무라도 능히 셀 수 없는 큰 무리가 흰 옷을 입고 손에 종려 가지를 들고 보좌 앞과 어린 양 앞에 서서
17. 이는 보좌 가운데 계신 어린 양이 저희의 목자가 되사 생명수 샘으로 인도하시고 하나님께서 저희 눈에서 모든 눈물을 씻어 주실 것임이러라

우리는 그날을 사모합니다. 사모하는 그 날에 우리는 또 울게 되겠지요. 그러나 그것은 마지막 눈물이 될 것입니다. 나같은 죄인이 어떻게 이곳에 오다니! 감격에 겨워 울고 있을 때, 하나님이 우리의 눈물을 닦아주시겠지요. 어떻게 내가 하나님의 얼굴을 뵈옵게 되었는지! 그리고 셀 수 없는 반가운 얼굴들을 그곳에서 만나겠지요. 얼마나 축복된 자리일까! 그리고 이제 그들과의 이별도 없는 늘 함께하는 기쁨을 영원토록 누릴 것입니다. 물론 우리 예수님은 늘 우리와 함께하는 이 축복된 천국의 자리 아니 그 잔치!

눅 12:32 적은 무리여 무서워 말라 너희 아버지께서 그 나라를 너희에게 주시기를 기뻐하시느니라
42. 주께서 가라사대 지혜있고 진실한 청지기가 되어 주인에게 그 집 종들을 맡아 때를 따라 양식을 나누어 줄 자가 누구냐

계 20:1 또 내가 보매 천사가 무저갱 열쇠와 큰 쇠사슬을 그 손에 가지고 하늘로서 내려와서
2. 용을 잡으니 곧 옛 뱀이요 마귀요 사단이라 잡아 일천년 동안 결박하여
4. 또 내가 보좌들을 보니 거기 앉은 자들이 있어 심판하는 권세를 받았더라 또 내가 보니 예수의 증거와 하나님의 말씀을 인하여 목 베임을 받은 자의 영혼들과 또 짐승과 그의 우상에게 경배하지도 아니하고 이마와 손에 그의 표를 받지도 아니한 자들이 살아서 그리스도로 더불어 천년 동안 왕 노릇하니
6. 이 첫째 부활에 참예하는 자들은 복이 있고 거룩하도다 둘째 사망이 그들을 다스리는 권세가 없고 도리어 그들이 하나님과 그리스도의 제사장이 되어 천년 동안 그리스도로 더불어 왕노릇 하리라
12. 또 내가 보니 죽은 자들이 무론 대소하고 그 보좌 앞에 섰는데 책들이 펴 있고 또 다른 책이 펴졌으니 곧 생명책이라 죽은 자들이 자기 행위를 따라 책들에 기록된 대로 심판을 받으니
15. 누구든지 생명책에 기록되지 못한 자는 불 못에 던지우더라

생명책에 기록되지 못하면 이건 낭패가 아니라 완전한 파멸이지요. 생명책은 피뿌린 책입니다. 그 피에 적셔져 있는 자들만이 적힌 책입니다. 우리의 이름이 바로 예수님의 피로 그 생명책에 새겨 놓으셨습니다. 그 피가 우리를 살리기 때문입니다.

민 20:10 모세와 아론이 총회를 그 반석 앞에 모으고 모세가 그들에게 이르되 패역한 너희여 들으라 우리가 너희를 위하여 이 반석에서 물을 내랴 하고
11. 그 손을 들어 그 지팡이로 반석을 두 번 치매 물이 많이 솟아나오므로 회중과 그들의 짐승이 마시니라
12. 여호와께서 모세와 아론에게 이르시되 너희가 나를 믿지 아니하고 이스라엘 자손의

목전에 나의 거룩함을 나타내지 아니한고로 너희는 이 총회를 내가 그들에게 준 땅으로 인도하여 들이지 못하리라 하시니라

히 4:6 그러면 거기 들어갈 자들이 남아 있거니와 복음 전함을 먼저 받은 자들은 순종치 아니함을 인하여 들어가지 못하였으므로

출 8:22 그 날에 내가 내 백성의 거하는 고센 땅을 구별하여 그곳에는 파리 떼가 없게 하리니 이로 말미암아 나는 세상 중의 여호와인 줄을 네가 알게 될 것이라

구별된 자가 누리는 축복은 평소에는 잘 드러나지 않습니다. 재앙의 때에 하나님의 도움의 손길이 우리를 붙드십니다. 어려운 일이 닥칠 때 그래서 우리는 두려워 할 것이 없습니다. 그 중에 하나님이 우리와 함께하시기 때문입니다. 그래서 환난의 날들이 우리에게는 가장 축복된 날이기도 합니다. 그때 그분이 우리와 함께하시기에, 평소에 잘 드러나지 않던 하나님의 임재가 어려움의 현장에 임하십니다.

계 1:7 볼찌어다 구름을 타고 오시리라 각인의 눈이 그를 보겠고 그를 찌른 자들도 볼 터이요 땅에 있는 모든 족속이 그를 인하여 애곡하리니 그러하리라 아멘

우리도 그날에는 공중에서 주님을 맞이할 것입니다. 죽은 자가 먼저 일어나서 그리고 우리 살은 남은 자들도 구름타고 오시는 그분을 맞이할 것입니다. 우리 입에는 찬송이 가득하고 믿지 않는 자는 애곡할 것입니다. 그날을 학수고대하며 오늘도 우리는 파이팅 합니다.

행 1:10 올라가실 때에 제자들이 자세히 하늘을 쳐다보고 있는데 흰옷 입은 두 사람이 저희 곁에 서서
11. 가로되 갈릴리 사람들아 어찌하여 서서 하늘을 쳐다보느냐 너희 가운데서 하늘로 올리우신 이 예수는 하늘로 가심을 본 그대로 오시리라 하였느니라

예수님은 우리를 너무나 잘 아십니다. 우리도 때로 사람을 판단합니다. 그러나 우리의 눈은 어두워서 잘 알 수 없습니다. 오직 예수님만 사람의 깊은 곳까지 아시고 판단하십니다. 예수님 앞에 우리는 어떤 사람입니까! 사랑할 만한 이들입니까! 예수님의 보혈로 씻겨져 있지 않으면 참사람도 간사함이 가득한 자로 머물수 밖에 없습니다.

벧전 3:21 물은 예수 그리스도의 부활하심으로 말미암아 이제 너희를 구원하는 표니 곧 세례라 육체의 더러운 것을 제하여 버림이 아니요 오직 선한 양심이 하나님을 향하여 찾아가는 것이라

시편 51:10 하나님이여 내 속에 정한 마음을 창조하시고 내 안에 정직한 영을 새롭게 하소서
17. 하나님의 구하시는 제사는 상한 심령이라 하나님이여 상하고 통회하는 마음을 주께서 멸시치 아니하시리이다

우리의 죄를 토하며 우리는 울어야 합니다. 우리가 회복해야 할 것은 바로 눈물입니다. 눈물을 흘리며 씨를 뿌릴 때, 단을 거둡니다. 눈물샘이 많은 사람은 정한 마음으로 정직한 영으로 새롭게 됩니다.

사 3:8 예루살렘이 멸망하였고 유다가 엎드러졌음은 그들의 언어와 행위가 여호와를 거스려서 그 영광의 눈을 촉범하였음이라

전 7:25 내가 돌이켜 전심으로 지혜와 명철을 살피고 궁구하여 악한 것이 어리석은 것이요 어리석은 것이 미친 것인줄을 알고자 하였더니
29. 나의 깨달은 것이 이것이라 곧 하나님이 사람을 정직하게 지으셨으나 사람은 많은 꾀를 낸 것이니라

우리는 죄의 사람이기에 꾀를 부립니다. 얼마나 많은 잔꾀가 우리 생활 속에 숨겨져 있는지 몸이 움직이면 꾀도 함께 설쳐댑니다. 조금 더 쉽게 더 짧게 더 많이, 꾀가 깨처럼 쏟아집니다. 예수님의 보혈로 씻어 꾀를 죄를 우리 삶의 자리에서 쫓아내야 합니다.

마 12:34 독사의 자식들아 너희는 악하니 어떻게 선한 말을 할 수 있느냐 이는 마음에 가득한 것을 입으로 말함이라
35. 선한 사람은 그 쌓은 선에서 선한 것을 내고 악한 사람은 그 쌓은 악에서 악한 것을 내느니라
36. 내가 너희에게 이르노니 사람이 무슨 무익한 말을 하든지 심판 날에 이에 대하여 심문을 받으리니
37. 네 말로 의롭다 함을 받고 네 말로 정죄함을 받으리라

우리 말이 우리를 심판대 앞에서 우리를 폭로할 것입니다. 땅에서도 숨겨진 우리의 악함을 대화중에 무의식적으로 특히 꿈에 중얼거리며 참말을 할 때가 있습니다. 우리 속에 있는 악함을 입이 토해내는 것이지요. 마음에 우리는 예수님을 품어야 합니다. 보혈만이 우리를 살립니다. 바른 입을 갖게 합니다. 선한 말을 선한 말을 하게 됩니다.

삼상 16:7 여호와께서 사무엘에게 이르시되 그 용모와 신장을 보지 말라 내가 이미 그를 버렸노라 나의 보는 것은 사람과 같지 아니하니 사람은 외모를 보거니와 나 여호와는 중심을 보느니라

우리 중심에 그리스도의 심장이 없으면 버림을 받습니다. 우리 하나님은 우리의 중심에 관심이 많으십니다. 늘 보혈이 채워져 있어야 합니다. 회개만이 마르지 않는 은혜의 샘을 우리 중심에 흐르게 합니다.

갈 5:19 육체의 일은 현저하니 곧 음행과 더러운 것과 호색과
20. 우상 숭배와 술수와 원수를 맺는 것과 분쟁과 시기와 분냄과 당 짓는 것과 분리함과 이단과
21. 투기와 술 취함과 방탕함과 또 그와 같은 것들이라 전에 너희에게 경계한 것 같이 경계하노니 이런 일을 하는 자들은 하나님의 나라를 유업으로 받지 못할 것이요

본문 말씀 앞에 "성령을 좇아 행하라" 명하셨습니다. 성령을 좇기 위해서 우리에게 거룩함이 머물러야 합니다. 성령은 거룩한 영이시기에 거룩은 오직 예수님의 피로만 가

능합니다. 회개만이 예수님의 피를 내 안에 흐르게 합니다. 회개만이 오직 회개만이 예수님의 피의 통로입니다. 우리의 모든 악함이, 육체의 일들이 우리를 삼키지 못합니다. 본문 말씀 뒤에 "성령의 열매는 사랑과 희락과…" 회개에 합당한 열매 성령의 열매를 맺게 됩니다.

롬 8:7 육신의 생각은 하나님과 원수가 되나니 이는 하나님의 법에 굴복치 아니할 뿐 아니라 할 수도 없음이라
13. 너희가 육신대로 살면 반드시 죽을 것이로되 영으로써 몸의 행실을 죽이면 살리니
9. 만일 너희 속에 하나님의 영이 거하시면 너희가 육신에 있지 아니하고 영에 있나니 누구든지 그리스도의 영이 없으면 그리스도의 사람이 아니라
11. 예수를 죽은 자 가운데서 살리신 이의 영이 너희 안에 거하시면 그리스도 예수를 죽은 자 가운데서 살리신 이가 너희 안에 거하시는 그의 영으로 말미암아 너희 죽을 몸도 살리시리라

우리는 반드시 살아야 합니다. 오늘 우리가 사는 길 죽어버릴 육신을 죽이는 것은 예수 십자가 보혈입니다. 보혈의 능력이 오늘 우리 육신을 죽이고 영으로 생명으로 살아 길되신 주님과 함께 진리로 살아낼 것입니다.

벧전 3:10 그러므로 생명을 사랑하고 좋은 날 보기를 원하는 자는 혀를 금하여 악한 말을 그치며 그 입술로 궤휼을 말하지 말고

잠언 18:20 사람은 입에서 나오는 열매로하여 배가 부르게 되나니 곧 그 입술에서 나는 것으로 하여 만족하게 되느니라
21. 죽고 사는 것이 혀의 권세에 달렸나니 혀를 쓰기 좋아하는 자는 그 열매를 먹으리라

혀의 권세를 단련시키는 것은 땅에는 없습니다. 입을 성형외과에서 고칠 수는 있어도 혀를 외과적인 것으로 달리 할 수 있어도 마음에서부터 나오는 입의 말, 혀의 권세를 다스릴 수 있는 것은 없습니다. 오직 예수님의 보혈의 피만이 가능합니다.

요일 3:23 그의 계명은 이것이니 곧 그 아들 예수 그리스도의 이름을 믿고 그가 우리에게
주신 계명대로 서로 사랑할 것이니라
24. 그의 계명들을 지키는 자는 주 안에 거하고 주는 저 안에 거하시나니 우리에게 주신
성령으로 말미암아 그가 우리 안에 거하시는 줄을 우리가 아느니라

예수님이 우리에게 주신 계명은 오직 한가지입니다. 십자가 지고 나를 따르라 우리는 날마다 십자가 지고 보혈로 씻어 주님을 따르는 제자입니다. 제자는 날마다 회개하는 자입니다.

잠자는 교회여,
일어나서 빛을 발합시다

렘 5:19 그들이 만일 이르기를 우리 하나님 여호와께서 어찌하여 이 모든 일을 우리에게 행하셨느뇨 하거든 너는 그들에게 이르기를 너희가 여호와를 버리고 너희 땅에서 이방 신들을 섬겼은즉 이와 같이 너희 것이 아닌 땅에서 이방인들을 섬기리라 하라
20. 너는 이를 야곱 집에 선포하며 유다에 공포하여 이르기를

눅 9:60 가라사대 죽은 자들로 자기의 죽은 자들을 장사하게 하고 너는 가서 하나님의 나라를 전파하라 하시고

이튿날에 사모님이 오라고 하셔서 가다가 신작로 한복판에서 넘어지면서 계시를 받았습니다.

행 16:7 무시아 앞에 이르러 바두니아로 가고자 애쓰되 예수의 영이 허락하지 아니하시는 지라

딤전 5:6 일락을 좋아하는 이는 살았으나 죽었느니라

약 2:17 이와 같이 행함이 없는 믿음은 그 자체가 죽은 것이라

계 3:1 사데 교회의 사자에게 편지하기를 하나님의 일곱 영과 일곱별을 가진 이가 가라사대 내가 네 행위를 아노니 네가 살았다 하는 이름을 가졌으나 죽은 자로다
2. 너는 일깨워 그 남은 바 죽게 된 것을 굳게 하라 내 하나님 앞에 네 행위의 온전한 것을 찾지 못하였노니
3. 그러므로 네가 어떻게 받았으며 어떻게 들었는지 생각하고 지키어 회개하라 만일 일깨

지 아니하면 내가 도적같이 이르리니 어느 시에 네게 임할는지 네가 알지 못하리라

요 14:1 너희는 마음에 근심하지 말라 하나님을 믿으니 또 나를 믿으라
2. 내 아버지 집에 거할 곳이 많도다 그렇지 않으면 너희에게 일렀으리라 내가 너희를 위하여 처소를 예비하러 가노니
3. 가서 너희를 위하여 처소를 예비하면 내가 다시 와서 너희를 내게로 영접하여 나 있는 곳에 너희도 있게 하리라

큰 교회에서 잠을 자는데 현관에서부터 목사님 설교하시는 곳까지 사람들이 이불을 덮고 자고 있었는데 장난꾸러기만 사냐고 소리를 지르니 성도들이 모두 이불 덮고 잠을 자서 이 말씀으로 나팔을 불어 영적 잠을 깨우라

고전 15:51 보라 내가 너희에게 비밀을 말하노니 우리가 다 잠잘 것이 아니요 마지막 나팔에 순식간에 홀연히 다 변화하리니
52. 나팔 소리가 나매 죽은 자들이 썩지 아니할 것으로 다시 살고 우리가 변화하리라

살전 4:16 주께서 호령과 천사장의 소리와 하나님의 나팔로 친히 하늘로 좇아 강림하시리니 그리스도 안에서 죽은 자들이 먼저 일어나고
18. 그러므로 이 여러 말로 서로 위로하라

히 12:1 이러므로 우리에게 구름같이 둘러싼 허다한 증인들이 있으니 모든 무거운 것과 얽매이기 쉬운 죄를 벗어 버리고 인내로써 우리 앞에 당한 경주를 경주하며
2. 믿음의 주요 또 온전케 하시는 이인 예수를 바라보자 저는 그 앞에 있는 즐거움을 위하여 십자가를 참으사 부끄러움을 개의치 아니하시더니 하나님 보좌 우편에 앉으셨느니라
22. 그러나 너희가 이른 곳은 시온산과 살아계신 하나님의 도성인 하늘의 예루살렘과 천만 천사와

마 16:27 인자가 아버지의 영광으로 그 천사들과 함께 오리니 그때에 각 사람이 행한대로 갚으리라

계 1:8 주 하나님이 가라사대 나는 알파와 오메가라 이제도 있고 전에도 있었고 장차 올 자요 전능한 자라 하시더라

고후 3:2 너희가 우리의 편지라 우리 마음에 썼고 뭇사람이 알고 읽는바라
3. 너희는 우리로 말미암아 나타난 그리스도의 편지니 이는 먹으로 쓴 것이 아니요 오직 살아계신 하나님의 영으로 한 것이며 또 돌비에 쓴 것이 아니요 오직 육의 심비에 한 것이라
4. 우리가 그리스도로 말미암아 하나님을 향하여 이같은 확신이 있으니
5. 우리가 무슨 일이든지 우리에게서 난것 같이 생각하여 스스로 만족할 것이 아니니 우리의 만족은 오직 하나님께로서 났느니라
6. 저가 또 우리로 새 언약의 일군 되기에 만족케 하셨으니 의문으로 하지 아니하고 오직 영으로 함이니 의문은 죽이는 것이요 영은 살리는 것임이니라
7. 돌에 써서 새긴 죽게 하는 의문의 직분도 영광이 있어 이스라엘 자손들이 모세의 얼굴의 없어질 영광을 인하여 그 얼굴을 주목하지 못하였거든

그리스도의 편지는 책으로 만들어 선포합니다.

계 1:18 곧 산자라 내가 전에 죽었었노라 볼찌어다 이제 세세토록 살아있어 사망과 음부의 열쇠를 가졌노니
19. 그러므로 네 본 것과 이제 있는 일과 장차 될 일을 기록하라

사 34:16 너희는 여호와의 책을 자세히 읽어보라 이것들이 하나도 빠진 것이 없고 하나도 그 짝이 없는 것이 없으리니 이는 여호와의 입이 이를 명하셨고 그의 신이 이것들을 모으셨음이라

살후 2:1 형제들아 우리가 너희에게 구하는 것은 우리 주 예수 그리스도의 강림하심과 우리가 그 앞에 모임에 관하여
2. 혹 영으로나 혹 말로나 혹 우리에게서 받았다 하는 편지로나 주의 날이 이르렀다고 쉬 동심하거나 두려워하거나 하지 아니할 그것이라

벧후 3:1 사랑하는 자들아 내가 이제 이 둘째 편지를 너희에게 쓰노니 이 둘로 너희 진실
한 마음을 일깨워 생각하게 하여
3. 먼저 이것을 알찌니 말세에 기롱하는 자들이 와서 자기의 정욕을 좇아 행하며 기롱하
여
4. 가로되 주의 강림하신다는 약속이 어디 있느뇨 조상들이 잔 후로부터 만물이 처음 창
조할 때와 같이 그냥 있다 하니
8. 사랑하는 자들아 주께는 하루가 천년 같고 천년이 하루같은 이 한가지를 잊지말라
13. 우리는 그의 약속대로 의의 거하는바 새 하늘과 새 땅을 바라보도다
14. 그러므로 사랑하는 자들아 너희가 이것을 바라보나니 주앞에서 점도 없고 흠도 없는
이 평강 가운데서 나타나기를 힘쓰라
18. 오직 우리 주 곧 구주 예수 그리스도의 은혜와 저를 아는 지식에서 자라 가라 영광이
이제와 영원한 날까지 저에게 있을찌어다

마 1:18 예수 그리스도의 나심은 이러하니라 그 모친 마리아가 요셉과 정혼하고 동거하
기 전에 성령으로 잉태된 것이 나타났더니
21. 아들을 낳으리니 이름을 예수라 하라 이는 그가 자기 백성을 저희 죄에서 구원할 자
이심이라 하니라

성령으로 역사하셨다.

눅 1:37 대저 하나님의 모든 말씀은 능치 못하심이 없느니라

초림 예수님 재림하신 예수님

계 1:7 볼찌어다 구름을 타고 오시리라 각인의 눈이 그를 보겠고 그를 찌른 자들도 볼터
이요 땅에 있는 모든 족속이 그를 인하여 애곡하리니 그러하리라 아멘
8. 주 하나님이 가라사대 나는 알파와 오메가라 이제도 있고 전에도 있었고 장차 올자요
전능한 자라 하시더라

전 3:15 이제 있는 것이 옛적에 있었고 장래에 있을 것도 옛적에 있었나니 하나님은 이미 지난 것을 다시 찾으시느니라

행 1:10 올라가실 때에 제자들이 자세히 하늘을 쳐다보고 있는데 흰옷 입은 두 사람이 저희 곁에 서서
11. 가로되 갈릴리 사람들아 어찌하여 서서 하늘을 쳐다보느냐 너희 가운데서 하늘로 올리우신 이 예수는 하늘로 가심을 본 그대로 오시리라 하였느니라

계 12:5 여자가 아들을 낳으니 이는 장차 철장으로 만국을 다스릴 남자라 그 아이를 하나님 앞과 그 보좌 앞으로 올려가더라

계 2:27 그가 철장을 가지고 저희를 다스려 질그릇 깨뜨리는 것과 같이 하리라 나도 내 아버지께 받은 것이 그러하니라

사 32:1 보라 장차 한 왕이 의로 통치할 것이요 방백들이 공평으로 정사할 것이며
2. 또 그 사람은 광풍을 피하는 곳, 폭우를 가리우는 곳 같을 것이며 마른 땅에 냇물 같을 것이며 곤비한 땅에 큰 바위 그늘 같으리니
3. 보는 자의 눈이 감기지 아니할 것이요 듣는 자의 귀가 기울어질 것이며
4. 조급한 자의 마음이 지식을 깨닫고 어눌한 자의 혀가 민첩하여 말을 분명히 할 것이라
9. 너희 안일한 부녀들아 일어나 내 목소리를 들을찌어다 너희 염려없는 딸들아 내 말에 귀를 기울일찌어다
11. 너희 안일한 여자들아 떨찌어다 너희 염려없는 자들아 당황하여 할찌어다 옷을 벗어 몸을 드러내고 베로 허리를 동일찌어다

계 4:1 이 일 후에 내가 보니 하늘에 열린 문이 있는데 내가 들은바 처음에 내게 말하던 나팔소리 같은 그 음성이 가로되 이리로 올라오라 이 후에 마땅히 될 일을 내가 네게 보이리라 하시더라

2. 내가 곧 성령에 감동하였더니 보라 하늘에 보좌를 베풀었고 그 보좌 위에 앉으신 이가 있는데
3. 앉으신 이의 모양이 벽옥과 홍보석 같고 또 무지개가 있어 보좌에 둘렸는데 그 모양이 녹보석 같더라
4. 또 보좌에 둘려 이십사 보좌들이 있고 그 보좌들 위에 이십사 장로들이 흰 옷을 입고 머리에 금 면류관을 쓰고 앉았더라

계 7:9 이 일 후에 내가 보니 각 나라와 족속과 백성과 방언에서 아무라도 능히 셀 수 없는 큰 무리가 흰 옷을 입고 손에 종려 가지를 들고 보좌 앞과 어린 양 앞에 서서
10. 큰 소리로 외쳐 가로되 구원하심이 보좌에 앉으신 우리 하나님과 어린 양에게 있도다 하니
13. 장로 중에 하나가 응답하여 내게 이르되 이 흰옷 입은 자들이 누구며 또 어디서 왔느뇨
17. 이는 보좌 가운데 계신 어린 양이 저희의 목자가 되사 생명수 샘으로 인도하시고 하나님께서 저희 눈에서 모든 눈물을 씻어 주실 것임이러라

계 5:1 내가 보매 보좌에 앉으신 이의 오른손에 책이 있으니 안팎으로 썼고 일곱 인으로 봉하였더라
5. 장로중에 하나가 내게 말하되 울지 말라 유대 지파의 사자 다윗의 뿌리가 이기었으니 이 책과 그 일곱 인을 떼시리라 하더라

어느 권사님이 꿈에 어떤 여자가 큰 창호지에 쓴 글을 남편인 장로님이 읽는데, 그때에 한국사람, 미국사람, 각나라 사람들에게 붙었던 귀신들이 뚝뚝 떨어지는 것을 브았다고 합니다.

행 8:7 많은 사람에게 붙었던 더러운 귀신들이 크게 소리를 지르며 나가고 또 많은 중풍병자와 앉은뱅이가 나으니 그 성에 큰 기쁨이 있더라

계 19:14 하늘에 있는 군대들이 희고 깨끗한 세 마포를 입고 백마를 타고 그를 따르더라

15. 그의 입에서 이한 검이 나오니 그것으로 만국을 치겠고 친히 저희를 철장으로 다스리
며 또 친히 하나님 곧 전능하신 이의 맹렬한 진노의 포도주 틀을 밟겠고

계 3:5 이기는 자는 이와 같이 흰 옷을 입을 것이요 내가 그 이름을 생명책에서 반드시
흐리지 아니하고 그 이름을 내 아버지 앞과 그 천사를 앞에서 시인하리라
10. 네가 나의 인내의 말씀을 지켰은즉 내가 또한 너를 지키어 시험의 때를 면하게 하리
니 이는 장차 온 세상에 임하여 땅에 거하는 자들을 시험할 때라
20. 볼찌어다 내가 문밖에 서서 두드리노니 누구든지 내 음성을 듣고 문을 열면 내가 그
에게로 들어가 그로 더불어 먹고 그는 나로 더불어 먹으리라
21. 이기는 그에게는 내가 내 보좌에 함께 앉게 하여주기를 내가 이기고 아버지 보좌에
함께 앉은 것과 같이 하리라

미가 5:1 딸 군대여 너는 떼를 모을찌어다 그들이 우리를 에워쌌으니 막대기로 이스라엘
재판자의 뺨을 치리로다
2. 베들레헴 에브라다야 너는 유다 족속 중에 작을찌라도 이스라엘을 다스릴 자가 네게서
내게로 나올 것이라 그의 근본은 상고에, 태초에니라

빌 1:8 내가 예수 그리스도의 심장으로 너희 무리를 어떻게 사모하는지 하나님이 내 증인
이시니라
20. 나의 간절한 기대와 소망을 따라 아무일에든지 부끄럽지 아니하고 오직 전과 같이 이
제도 온전히 담대하여 살든지 죽든지 내 몸에서 그리스도가 존귀히 되게 하려 하나니
21. 이는 내게 사는 것이 그리스도니 죽는 것도 유익함이니라
27. 오직 너희는 그리스도 복음에 합당하게 생활하라 이는 내가 너희를 가보나 떠나있으
나 너희가 일심으로 서서 한뜻으로 복음의 신앙을 위하여 협력하는 것과

빌 2:5 너희 안에 이 마음을 품으라 곧 그리스도 예수의 마음이니

딤후 4:1 하나님 앞과 산 자와 죽은 자를 심판하실 그리스도 예수 앞에서 그의 나타나실

것과 그의 나라를 두고 엄히 명하노니
3. 때가 이르리니 사람이 바른 교훈을 받지 아니하며 귀가 가려워서 자기의 사욕을 좇을 스승을 많이 두고
7. 내가 선한 싸움을 싸우고 나의 달려갈 길을 마치고 믿음을 지켰으니
8. 이제 후로는 나를 위하여 의의 면류관이 예비되었으므로 주 곧 의로우신 재판장이 그 날에 내게 주실 것이니 내게만 아니라 주의 나타나심을 사모하는 모든 자에게니라
18. 주께서 나를 모든 악한 일에서 건져내시고 또 그의 천국에 들어가도록 구원하시리니 그에게 영광이 세세 무궁토록 있을찌어다 아멘

요 13:1 유월절 전에 예수께서 자기가 세상을 떠나 아버지께로 돌아가실 때가 이른줄 아시고 세상에 있는 자기 사람들을 사랑하시되 끝까지 사랑하시니라

제사장 나라 한국의 축복

참샘 중탕에 발을 씻고나니 하늘로 쭉 올라갔습니다. 하늘에 올라갔는데 가운입은 분이 전봇대를 주면서 땅으로 다시 내려가라고 해서 내려오니 전봇대가 보따리로 변해서 봇속에 삼베가 들어있고, 실 만드는 고추가 들어있었습니다. 그 해석으로 요나 3:6 말씀이 생각났습니다.

요나 3:6 그 소문이 니느웨 왕에게 들리매 왕이 보좌에서 일어나 조복을 벗고 굵은 베를 입고 재에 앉으니라

대한민국이 이런 나라가 되었으면 좋겠습니다. 대통령부터 모든 국민이 하나님께 우리의 죄를 토설하고 예수님의 보혈로 한반도가 보혈로 적셔지는 날이 속히 왔으면 좋겠습니다. 그때 하나님이 대한민국을 제사장 나라 거룩한 백성으로 우리를 땅끝 복음의 증인으로 삼으실 것입니다.

호 6:1 오라 우리가 여호와께로 돌아가자 여호와께서 우리를 찢으셨으나 도로 낫게 하실 것이요 우리를 치셨으나 싸매어 주실 것임이라
2. 여호와께서 이틀 후에 우리를 살리시며 제 삼일에 우리를 일으키시리니 우리가 그 앞에서 살리라
3. 그러므로 우리가 여호와를 알자 힘써 여호와를 알자 그의 나오심은 새벽 빛 같이 일정하니 비와 같이, 땅을 적시는 늦은 비와 같이 우리에게 임하시리라 하리라
4. 에브라임아 내가 네게 어떻게 하랴 유다야 내가 네게 어떻게 하랴 너희의 인애가 아침 구름이나 쉬 없어지는 이슬 같도다
5. 그러므로 내가 선지자들로 저희를 치고 내 입의 말로 저희를 죽였노니 내 심판은 발하는 빛과 같으니라
6. 나는 인애를 원하고 제사를 원치 아니하며 번제보다 하나님을 아는 것을 원하노라

하나님이 우리를 징계하여 치심은 우리가 자녀이기 때문입니다. 우리 하나님을 더 깊이 알게 하기위해서, 그렇지 않으면 우리는 방자할 것입니다. 교만으로 꽉 찬 우리인 것을 우리가 너무나 잘 압니다. 교만을 뽑아내는 것, 우리가 못하고 하나님이 우리를 매로 때리실 때 그때 교만은 달아나고 겸손함이 부드러운 마음이 우리에게 부어져 우리로 예배의 사람이 되게 하십니다. 하나님이 구하는 제사는 상한 심령이고 인애, 뜨거운 사랑을 원하십니다. 상한 심령과 사랑의 뜨거움은 오직 예수님의 보혈밖에 없습니다. 우리가 사는 길은 오직 예수 십자가 보혈입니다.

사 60:1 일어나라 빛을 발하라 이는 네 빛이 이르렀고 여호와의 영광이 네 위에 임하였음이니라
12. 너를 섬기지 아니하는 백성과 나라는 파멸하리니 그 백성들은 반드시 진멸되리라
22. 그 작은 자가 천을 이루겠고 그 약한 자가 강국을 이룰 것이라 때가 되면 나 여호와가 속히 이루리라

우리는 약합니다. 그리고 어둠입니다. 우리를 강하게 그리고 빛 가운데 거하게 하는 것은 예수님의 보혈밖에 없습니다. 회개하면 우리는 다시 빛으로 일어날 것입니다. 우리는 원수의 나라를 멸하게 됩니다.

레위기 21:4 제사장은 백성의 어른인즉 스스로 더럽혀 욕되게 하지 말찌니라

우리를 부르신 부름은 거룩한 부름입니다. 우리가 제사장의 사명을 감당하기 위해서 우리는 거룩을 입어야 합니다. 예수님의 보혈만이 우리를 거룩으로 옷입히는 것입니다.

사 61:1 주 여호와의 신이 내게 임하셨으니 이는 여호와께서 내게 기름을 부으사 가난한 자에게 아름다운 소식을 전하게 하려 하심이라 나를 보내사 마음이 상한 자를 고치며 포로된 자에게 자유를, 갇힌 자에게 놓임을 전파하며
4. 그들은 오래 황폐하였던 곳을 다시 쌓을 것이며 예로부터 무너진 곳을 다시 일으킬 것이며 황폐한 성읍 곧 대대로 무너져 있던 것들을 중수할 것이며
6. 오직 너희는 여호와의 제사장이라 일컬음을 얻을 것이라 사람들이 너희를 우리 하나님

의 봉사자라 할 것이며 너희가 열방의 재물을 먹으며 그들의 영광을 얻어 자랑할 것이며
9. 그 자손을 열방 중에, 그 후손을 만민 중에 알리리니 무릇 이를 보는 자가 그들은 여호와께 복 받은 자손이라 인정하리라
10. 내가 여호와로 인하여 크게 기뻐하며 내 영혼이 나의 하나님으로 인하여 즐거워하리니 이는 그가 구원의 옷으로 내게 입히시며 의의 겉옷으로 내게 더하심이 신랑이 사모를 쓰며 신부가 자기 보물로 단장함 같게 하셨음이라

우리에게 하나님의 신이 임하는 것은 오직 한 통로입니다. 예수님을 통해서 그분의 십자가에 흘리신 보혈을 통해서 우리는 신의 성품을 가진 자로 성령의 사람으로 서게 됩니다. 제사장으로 민족의 죄를 토해내며 하나님의 영광이 우리에게 임하게 됩니다.

출 19:5 세계가 다 내게 속하였나니 너희가 내 말을 잘 듣고 내 언약을 지키면 너희는 열국 중에서 내 소유가 되겠고
6. 너희가 내게 대하여 제사장 나라가 되며 거룩한 백성이 되리라 너는 이 말을 이스라엘 자손에게 고할찌니라

언약으로 주신 예수님의 몸과 피를 먹고 마실 때, 우리는 언약을 이루고 이때 우리는 세계를 품습니다. 우리는 거룩한 백성으로 제사장 나라로 하늘의 뜻을 땅 가운데 선포하게 됩니다.

말 2:1 너희 제사장들아 이제 너희에게 이같이 명령하노라

여호와께서 말라기로 이스라엘에게 말씀하신 경고라

3. 보라 내가 너희의 종자를 견책할 것이요 똥 곧 너희 절기의 희생의 똥을 너희의 얼굴에 바를 것이라 너희가 그것과 함께 제하여 버림을 당하리라
6. 그 입에는 진리의 법이 있었고 그 입술에는 불의함이 없었으며 그가 화평과 정직한 중에서 나와 동행하며 많은 사람을 돌이켜 죄악에서 떠나게 하였느니라
9. 너희가 내 도를 지키지 아니하고 율법을 행할 때에 사람에게 편벽되이 하였으므로 나

도 너희로 모든 백성 앞에 멸시와 천대를 당하게 하였느니라 하시니라

마 5:8 마음이 청결한 자는 복이 있나니 저희가 하나님을 볼 것임이요
9. 화평케 하는 자는 복이 있나니 저희가 하나님의 아들이라 일컬음을 받을 것이요
10. 의를 위하여 핍박을 받은 자는 복이 있나니 천국이 저희 것임이라

민 25:12 그러므로 말하라 내가 그에게 나의 평화의 언약을 주리니

계 1:5 또 충성된 증인으로 죽은 자들 가운데서 먼저 나시고 땅의 임금들의 머리가 되신 예수 그리스도로 말미암아 은혜와 평강이 너희에게 있기를 원하노라 우리를 사랑하사 그의 피로 우리 죄에서 우리를 해방하셨고
6. 그 아버지 하나님을 위하여 우리를 나라와 제사장으로 삼으신 그에게 영광과 능력이 세세토록 있기를 원하노라 아멘

나라와 제사장이 되면 우리는 선포합니다. 너희에게 은혜와 평강이 있을지어다! 은혜와 평강이 넘칠지어다! 우리는 나라와 제사장으로 담대히 선포하게 될 것입니다.

여호수아 6:4 제사장 일곱은 일곱 양각나팔을 잡고 언약궤 앞에서 행할 것이요 제 칠일에는 성을 일곱 번 돌며 제사장들은 나팔을 불 것이며
8. 여호수아가 백성에게 이르기를 마치매 제사장 일곱이 일곱 양각나팔을 잡고 여호와 앞에서 진행하며 나팔을 불고 여호와의 언약궤는 그 뒤를 따르며
14. 그 제 이일에도 성을 한번 돌고 진에 돌아 오니라 엿새 동안을 이같이 행하리라
20. 이에 백성은 외치고 제사장들은 나팔을 불매 백성이 나팔 소리를 듣는 동시에 크게 소리질러 외치니 성벽이 무너져 내린지라 백성이 각기 앞으로 나아가 성에 들어가서 그 성을 취하고

거룩이 땅을 덮을 때, 거룩이 힘찬 걸음을 내딛게 되면 그때 역사가 나타납니다. 난공불락 여리고도 무너집니다. 우리를 묶고 있는 흉악의 결박이 풀어지고 멍에의 줄은 끌러집니다.

벧전 2:9 오직 너희는 택하신 족속이요 왕 같은 제사장들이요 거룩한 나라요 그의 소유된 백성이니 이는 너희를 어두운데서 불러내어 그의 기이한 빛에 들어가게 하신 자의 아름다운 덕을 선전하게 하려 하심이라

고후 5:17 그런즉 누구든지 그리스도 안에 있으면 새로운 피조물이라 이전 것은 지나갔으니 보라 새것이 되었도다
19.이는 하나님께서 그리스도 안에 계시사 세상을 자기와 화목하게 하시며 저희의 죄를 저희에게 돌리지 아니하시고 화목하게 하는 말씀을 우리에게 부탁하셨느니라

화목하게 직책을 하나님이 우리에게 맡기셨습니다. 하나님과 사람사이에 화목으로 사람과 사람사이에 화목으로 우리를 부르셨습니다. 이것이 제사장의 사명입니다. 우리가 새로운 피조물이 된 것입니다.

욥 22:21 너는 하나님과 화목하고 평안하라 그리하면 복이 네게 임하리라

우리를 하나님과 화목하고 평안하기 위해서 복을 얻기 위해서 우리가 땅에서 살 수 있는 유일한 일은 오직 예수님의 십자가 보혈을 믿는 것입니다. 복이 흐르는 곳은 오직 예수님의 보혈의 피에 씻겨진 자입니다.

마 28:19 그러므로 너희는 가서 모든 족속으로 제자를 삼아 아버지와 아들과 성령의 이름으로 세례를 주고
20. 내가 너희에게 분부한 모든 것을 가르쳐 지키게 하라 볼찌어다 내가 세상 끝날까지 너희와 항상 함께 있으리라 하시니라

우리가 어떻게 제사장 나라가 되고 복음을 전하는 자가 됩니까! 구약의 이스라엘이 결국은 제사장 나라의 사명을 다하지 못했습니다. 죄에 늘 묶인 자들이었기에, 죄를 해결할 방법이 소와 양을 잡아 제사를 드리는 것인데, 제사장의 사명을 감당할 레위인이 없습니다. 그러나 우리 예수님이 대제사장이 되셔서 자신의 몸을 피의 제사로 드린 곧 십자가에 못박혀 죽으시고 보혈을 흘려주셔서 우리를 살리심으로 우리를 땅끝복음의 증인

제사장으로 삼으신 것입니다.

고전 15:1 형제들아 내가 너희에게 전한 복음을 너희로 알게 하노니 이는 너희가 받은 것이요 또 그 가운데 선 것이라
4. 장사 지낸바 되었다가 성경대로 사흘 만에 다시 살아나사
19. 만일 그리스도 안에서 우리의 바라는 것이 다만 이생뿐이면 모든 사람 가운데 우리가 더욱 불쌍한 자리라
56. 사망의 쏘는 것은 죄요 죄의 권능은 율법이라
58. 그러므로 내 사랑하는 형제들아 견고하며 흔들리지 말며 항상 주의 일에 더욱 힘쓰는 자들이 되라 이는 너희 수고가 주안에서 헛되지 않은 줄을 앎이니라

우리의 수고는 헛되지 않습니다. 영원한 언약의 피를 우리가 회개를 통해 하나님께로부터 받았는데 피가 효력이 없다면 우리가 가장 불쌍한 자가 되고 말 것입니다. 그러나 우리는 이것도 믿습니다. 하나님의 말씀은 살았고, 어제도 오늘도, 영원하신 말씀으로 우리는 믿습니다.

약 4:17 이러므로 사람이 선을 행할 줄 알고도 행치 아니하면 죄니라

우리가 예수님의 보혈에 씻겨 깨끗하게 되는 것이 선의 첫발이고 선의 시작인데 이것을 알면서도 죄를 씻지 않는 것이 가장 큰 죄입니다. 보혈에 씻기지 않으면 죄가 그대로 남겨져 있기 때문입니다.

막 16:15 또 가라사대 너희는 온 천하에 다니며 만민에게 복음을 전파하라
17. 믿는 자들에게는 이런 표적이 따르리니 곧 저희가 내 이름으로 귀신을 쫓아내며 새 방언을 말하며

고후 6:1 우리가 하나님과 함께 일하는 자로서 너희를 권하노니 하나님의 은혜를 헛되이 받지 말라
2. 가라사대 내가 은혜 베풀 때에 너를 듣고 구원의 날에 너를 도왔다 하셨으니 보라 지금

은 은혜받을만한 때요 보라 지금은 구원의 날이로다
3. 우리가 이 직책이 훼방을 받지 않게 하려고 무엇에든지 아무에게도 거리끼지 않게 하고
18. 너희에게 아버지가 되고 너희는 내게 자녀가 되리라 전능하신 주의 말씀이니라 하셨느니라

우리에게 "쨍하고 해뜰날 돌아온단다" 반드시 돌아옵니다. 아니 우리가 회개하면 빛이신 예수님이 우리 삶을 밝힙니다. 날마다 쨍하고 해뜨는 날을 우리는 맞이해야 합니다.

〈한국의 축복〉

1. 가나안 새 역사를 이룩하려고 동방에 숨겨 놓은 금수 반도라 말일에 섭리 깊은 선민의 나라 이제야 누려보세 한국의 축복

2. 서글픈 약소민족 눈물 씻기시고 영광의 제이 선민 삼으셨으니 말일에 섭리 깊은 선진국 민족 나가세 철장 들고 세계만방에 오호 영화로운 선민의 나라 이제야 누려보세 한국의 축복

3. 반만년 깊이 맺힌 민족의 수원 육천년 묻어오던 인류의 소원 말일에 섭리 깊이 신 정국 민족 열국 왕 천하 만민 부러워하리 오호 영화로운 선민의 나라 이제야 누려보세 한국의 축복

인류의 죄를 담당하신 예수님

죄를 가지고는 하나님 앞에 갈 수 없다.

요 1:29 이튿날 요한이 예수께서 자기에게 나아오심을 보고 가로되 보라 세상 죄를 지고 가는 하나님이 어린양이로다

예수님은 세상 죄를 지고 가시는 어린 양

롬 8:7 육신의 생각은 하나님과 원수가 되나니 이는 하나님의 법에 굴복치 아니할뿐 아니라 할 수도 없음이라
13. 너희가 육신대로 살면 반드시 죽을 것이로되 영으로써 몸의 행실을 죽이면 살리니
9. 만일 너희속에 하나님의 영이 거하시면 너희가 육신에 있지 아니하고 영에 있나니 누구든지 그리스도의 영이 없으면 그리스도의 사람이 아니라
11. 예수를 죽은 자 가운데서 살리신 이의 영이 너희 안에 거하시면 그리스도 예수를 죽은자 가운데서 살리신 이가 너희 안에 거하시는 그의 영으로 말미암아 너희 죽을 몸도 살리시리라
16. 성령이 친히 우리 영으로 더불어 우리가 하나님의 자녀인 것을 증거하시나니
17. 자녀이면 또한 후사 곧 하나님의 후사요 그리스도와 함께한 후사니 우리가 그와 함께 영광을 받기 위하여 고난도 함께 받아야 될 것이니라

약 1:15 욕심이 잉태한즉 죄를 낳고 죄가 장성한즉 사망을 낳느니라

렘 15:13 그러나 네 모든 죄로 인하여 네 사경의 모든 재산과 보물로 값없이 탈취를 당하게 할 것이며

시편 7:12 사람이 회개하지 아니하면 저가 그 칼을 갈으심이여 그 활을 이미 당기어 예

비하셨도다

행 3:19 그러므로 너희가 회개하고 돌이켜 너희 죄 없이 함을 받으라 이같이 하면 유쾌하게 되는 날이 주 앞으로부터 이를 것이요

약 4:17 이러므로 사람이 선을 행할 줄 알고도 행치 아니하면 죄니라

시편 66:18 내가 내 마음에 죄악을 품으면 주께서 듣지 아니하시리라

계 12:5 여자가 아들을 낳으니 이는 장차 철장으로 만국을 다스릴 남자라 그 아이를 하나님 앞과 그 보좌 앞으로 올려가더라

계 2:27 그가 철장을 가지고 저희를 다스려 질그릇 깨뜨리는 것과 같이 하리라 나도 내 아버지께 받은 것이 그러하니라

고전 15:1 형제들아 내가 너희에게 전한 복음을 너희로 알게 하노니 이는 너희가 받은 것이요 또 그 가운데 선 것이라
2. 너희가 만일 나의 전한 그 말을 굳게 지키고 헛되이 믿지 아니하였으면 이로 말미암아 구원을 얻으리라
3. 내가 받은 것을 먼저 너희에게 전하였노니 이는 성경대로 그리스도께서 우리 죄를 위하여 죽으시고

엡 2:16 또 십자가로 이 둘을 한 몸으로 하나님과 화목하게 하려 하심이라 원수 된 것을 십자가로 소멸하시고

골 1:19 아버지께서는 모든 충만으로 예수 안에 거하게 하시고

빌 2:8 사람의 모양으로 나타나셨으매 자기를 낮추시고 죽기까지 복종하셨으니 곧 십자가에 죽으심이라

9. 이러므로 하나님이 그를 지극히 높여 이름 위에 뛰어난 이름을 주사

고전 1:18 십자가의 도가 멸망하는 자들에게는 미련한 것이요 구원을 얻는 우리에게는 하나님의 능력이라

요 11:25 주께서 가라사대 나는 부활이요 생명이니 나를 믿는 자는 죽어도 살겠고
26. 무릇 살아서 나를 믿는 영원히 죽지 아니하리니 이것을 네가 믿느냐
27. 가로되 주여 그러하외다 주는 그리스도이시요 세상에 오시는 하나님의 아들이신 줄
내가 믿나이다
28. 이 말을 하고 돌아가서 가만히 그 형제 마리아를 불러 말하되 선생님이 오셔서 너를
부르신다 하니
29. 마리아가 이 말을 듣고 급히 일어나 예수께 나아가매
30. 예수는 아직 마을로 들어오지 아니하시고 마르다의 맞던 곳에 그저 계시더라
31. 마리아와 함께 집에 있어 위로하던 유대인들은 그의 급히 일어나 나가는 것을 보고
곡하러 무덤에 가는 줄로 생각하고 따라가더니
32. 마리아가 예수 계신 곳에 와서 보이고 그 발 앞에 엎드리어 가로되 주께서 여기 계셨
더면 내 오라비가 죽지 아니하였겠나이다 하더라
33. 예수께서 그의 우는 것과 또 함께 온 유대인들의 우는 것을 보시고 심령에 통분히 여
기시고 민망히 여기사
34. 가라사대 그를 어디 두었느냐 가로되 주여 와서 보옵소서 하니
35. 예수께서 눈물을 흘리시더라
36. 이에 유대인들이 말하되 보라 그를 어떻게 사랑하였는가 하며
37. 그 중 어떤 이는 말하되 소경의 눈을 뜨게 한 이 사람이 그 사람은 죽지 않게 할 수
없었더냐 하더라
38. 이에 예수께서 다시 속으로 통분히 여기시며 무덤에 가시니 무덤이 굴이라 돌로 막았
거늘
39. 예수게서 가라사대 돌을 옮겨 놓으라 하시니 그 죽은 자의 누이 마르다가 가로되 주
여 죽은 지가 나흘이 되었으매 벌써 냄새가 나나이다
40. 예수께서 가라사대 내 말이 네가 믿으면 하나님의 영광을 보리라 하지 아니하였느냐

하신대

히 11:35 여자들은 자기의 죽은 자를 부활로 받기도 하며 또 어떤 이들은 더 좋은 부활을 얻고자 하여 악형을 받되 구차히 면하지 아니하였으며

마 22:23 부활이 없다 하는 사두개인들이 그 날에 예수께 와서 물어 가로되
24. 선생님이여 모세가 일렀으되 사람이 만일 자식이 없이 죽으면 그 동생이 그 아내에게 장가들어 형을 위하여 후사를 세울지니라 하였나이다
25. 우리 중에 칠 형제가 있었는데 맏이 장가 들었다가 죽어 후사가 없으므로 그의 아내를 그 동생에게 끼쳐두고
26. 그 둘째와 셋째로 일곱째까지 그렇게 하다가
27. 최후에 그 여자도 죽었나이다
28. 그런즉 저희가 다 그를 취하였으니 부활 때에 일곱 중에 뉘 아내가 되리이까
29. 예수께서 대답하여 가라사대 너희가 성경도, 하나님의 능력도 알지 못하는고로 오해하였도다
30. 부활 때에는 장가도 아니가고 시집도 아니가고 하늘에 있는 천사들과 같으니라
31. 죽은 자의 부활을 의논할진대 하나님이 너희에게 말씀하신바

눅 14:26 무릇 내게 오는 자가 자기 부모와 처자와 형제와 자매와 및 자기목숨까지 미워하지 아니하면 능히 나의 제자가 되지 못하고
27. 누구든지 자기 십자가를 지고 나를 좇지 않는 자도 능히 나의 제자가 되지 못하리라

마 10:38 또 자기 십자가를 지고 나를 좇지 않는 자도 내게 합당치 아니하리라

갈 5:24 그리스도 예수의 사람들은 육체와 함께 그 정과 욕심을 십자가에 못박았느니라

히 10:12 오직 그리스도는 죄를 위하여 한 영원한 제사를 드리시고 하나님 우편에 앉으사
13. 그 후에 자기 원수들로 자기 발등상이 되게 하실 때까지 기다리시나니

성령을 받지 않고는 작심삼일

성령을 받아야 능력과 권능을 받습니다.

눅 4:16 예수께서 그 자라나신 곳 나사렛에 이르사 안식일에 자기 규례대로 회당에 들어가사 성경을 읽으려고 서시매

17. 선지자 이사야의 글을 드리거늘 책을 펴서 이렇게 기록한 데를 찾으시니 곧

18. 주의 성령이 내게 임하셨으니 이는 가난한 자에게 복음을 전하게 하시려고 내게 기름을 부으시고 나를 보내사 포로된 자에게 자유를, 눈먼 자에게 다시 보게 함을 전파하며 눌린 자를 자유케 하고

요 20:21 예수께서 또 가라사대 너희에게 평강이 있을찌어다 아버지께서 나를 보내신 것같이 나도 너희를 보내노라

행 2:33 하나님이 오른손으로 예수를 높이시매 그가 약속하신 성령을 아버지께 받아서 너희 보고 듣는 이것을 부어 주셨느니라

34. 다윗은 하늘에 올라가지 못하였으나 친히 말하여 가로되 주께서 내 주에게 말씀하시기를

35. 내가 네 원수로 네 발등상 되게 하기까지는 너는 내 우편에 앉았으라 하셨도다 하였으니

36. 그런즉 이스라엘 온 집이 정녕 알지니 너희가 십자가에 못 박은 이 예수를 하나님이 주와 그리스도가 되게 하셨느니라 하니라

37. 저희가 이 말을 듣고 마음에 찔려 베드로와 다른 사도들에게 물어 가로되 형제들아 우리가 어찌할꼬 하거늘

38. 베드로가 가로되 너희가 회개하여 각각 예수 그리스도의 이름으로 세례를 받고 죄 사함을 얻으라 그리하면 성령을 선물로 받으리니

39. 이 약속은 너희와 너희 자녀와 모든 먼 데 사람 곧 주 우리 하나님이 얼마든지 부르시
는 자들에게 하신 것이라 하고

고후 1:21 우리를 너희와 함께 그리스도 안에서 견고케 하시고 우리에게 기름을 부으신
이는 하나님이시니
22. 저가 또한 우리에게 인치시고 보증으로 성령을 우리 마음에 주셨느니라

엡 5:18 술 취하지 말라 이는 방탕한 것이니 오직 성령의 충만을 받으라

고전 2:2 내가 너희 중에서 예수 그리스도와 그의 십자가에 못 박히신 것 외에는 아무것
도 알지 아니하기로 작정하였음이라
6. 그러나 우리가 온전한 자들 중에서 지혜를 말하노니 이는 세상의 지혜가 아니요 또 이
세상의 없어질 관원의 지혜도 아니요
10. 오직 하나님의 성령으로 이것을 우리에게 보이셨으니 성령은 모든 것 곧 하나님의 깊
은 것이라도 통달하시느니라
12. 우리가 세상의 영을 받지 아니하고 오직 하나님께로 온 영을 받았으니 이는 우리로
하여금 하나님께서 우리에게 은혜로 주신 것들을 알게 하려 하심이라

고전 6:17 주와 합하는 자는 한 영이니라

요 14:17 저는 진리의 영이라 세상은 능히 저를 받지 못하나니 이는 저를 보지도 못하고
알지도 못함이라 그러나 너희는 저를 아나니 저는 너희와 함께 거하심이요 또 너희 속에
계시겠음이라
26. 보혜사 곧 아버지께서 내 이름으로 보내실 성령 그가 너희에게 모든 것을 가르치시고
내가 너희에게 말한 모든 것을 생각나게 하시리라
27. 평안을 너희에게 끼치노니 곧 나의 평안을 너희에게 주노라 내가 너희에게 주는 것은
세상이 주는 것 같지 아니하리라 너희는 마음에 근심도 말고 두려워하지도 말라

갈 5:16 내가 이르노니 너희는 성령을 좇아 행하라 그리하면 육체의 욕심을 이루지 아니

하리라
22. 오직 성령의 열매는 사랑과 희락과 화평과 오래 참음과 자비와 양선과 충성과 온유와
절제니 이같은 것을 금지할 법이 없느니라
25. 만일 우리가 성경으로 살면 또한 성령으로 행할찌니
26. 헛된 영광을 구하여 서로 격동하고 서로 투기하지 말찌니라

마 1:18 예수 그리스도의 나심은 이러하니라 그 모친 마리아가 요셉과 정혼하고 동거하
기 전에 성령으로 잉태된 것이 나타났더니
19. 그 남편 요셉은 의로운 사람이라 저를 드러내지 아니하고 가만히 끊고자 하여
20. 이 일을 생각할 때에 주의 사자가 현몽하여 가로되 다윗의 자손 요셉아 네 아내 마리
아 데려오기를 무서워 말라 저에게 잉태된 자는 성령으로 된 것이라
25. 아들을 낳기까지 동침치 아니하더니 낳으매 이름을 예수라 하니라

눅 2:7 맏아들을 낳아 강보로 싸서 구유에 뉘었으니 이는 사관에 있을 곳이 없음이러라
14. 지극히 높은 곳에서는 하나님께 영광이요 땅에서는 기뻐하심을 입은 사람들 중에 평
화로다 하니라

눅 1:37 대저 하나님의 모든 말씀은 능치 못하심이 없느니라

계 1:7 볼지어다 그가 구름을 타고 오시리라 각 사람의 눈이 그를 보겠고 그를 찌른 자들
도 볼 터이요 땅에 있는 모든 족속이 그를 인하여 애곡하리니 그러하리라 아멘

행 1:10 올라가실 때에 제자들이 자세히 하늘을 쳐다보고 있는데 흰 옷 입은 두 사람이
그들 곁에 서서
11. 가로되 갈릴리 사람들아 어찌하여 서서 하늘을 쳐다보느냐 너희 가운데서 하늘로 올
려지신 이 예수는 하늘로 가심을 본 그대로 오시리라 하였느니라

계 16:15 보라 내가 도적같이 오리니 누구든지 깨어 자기 옷을 지켜 벌거벗고 다니지 아
니하며 자기의 부끄러움을 보이지 아니하는 자가 복이 있도다

계 21:1 또 내가 새 하늘과 새 땅을 보니 처음 하늘과 처음 땅이 없어졌고 바다도 다시 있지 않더라
2. 또 내가 보매 거룩한 성 예루살렘이 하나님께로부터 하늘에서 내려오니 그 예비한 것이 신부가 남편을 위하여 단장한 것 같더라
3. 내가 들으니 보좌에서 큰 음성이 나서 가로되 보라 하나님의 장막이 사람들과 함께 있으매 하나님이 저희와 함께 거하시리니 저희는 하나님의 백성이 되고 하나님은 친히 저희와 함께 계셔서
4. 모든 눈물을 그 눈에서 씻기시매 다시 사망이 없고 애통하는 것이나 곡하는 것이나 아픈 것이 다시 있지 아니하리니 처음 것들이 다 지나갔음이러라
5. 보좌에 앉으신 이가 가라사대 보라 내가 만물을 새롭게 하노라 하시고 또 가라사대 이 말은 신실하고 참되니 기록하라 하시고
6. 또 내게 말씀하시되 이루었도다 나는 알파와 오메가요 처음과 나중이라 내가 생명수 샘물로 목마른 자에게 값없이 주리니
7. 이기는 자는 이것들을 유업으로 얻으리라 나는 저의 하나님이 되고 그는 내 아들이 되리라
9. 일곱 대접을 가지고 마지막 일곱 재앙을 담은 일곱 천사 중 하나가 나아와서 내게 말하여 가로되 이리 오라 내가 신부 곧 어린 양의 아내를 네게 보이리라 하고
10. 성령으로 나를 데리고 크고 높은 산으로 올라가 하나님께로부터 하늘에서 내려오는 거룩한 성 예루살렘을 보이니
27. 무엇이든지 속된 것이나 가증한 일 또는 거짓말 하는 자는 결코 그리로 들어오지 못하되 오직 어린 양의 생명책에 기록된 자들뿐이라

계 22:21 주 예수의 은혜가 모든 자들에게 있을지어다 아멘

계 22:14 그 두루마리를 빠는 자들은 복이 있으니 이는 저희가 생명 나무에 나아가며 문들을 통하여 성에 들어갈 권세를 받으려 함이로다

단 12:1 그 때에 네 민족을 호위하는 대군 미가엘이 일어날 것이요 또 환난이 있으리니 이는 개국이래로 그 때까지 없던 환난일 것이며 그 때에 네 백성 중 무릇 책에 기록된 모

든 자가 구원을 얻을 것이라
3. 지혜있는 자는 궁창의 빛과 같이 빛날 것이요 많은 사람을 옳은데로 돌아오게 한 자는
별과 같이 영원토록 비취리라
4. 다니엘아 마지막 때까지 이 말을 간수하고 이 글을 봉함하라 많은 사람이 빨리 왕래하
며 지식이 더하리라
7. 내가 들은즉 그 세마포 옷을 입고 강물 위에 있는 자가 그 좌우 손을 들어 하늘을 향하
여 영생하시는 자를 가리켜 맹세하여 가로되 반드시 한때 두때 반때를 지나서 성도의 권
세가 다 깨어지기까지니 그렇게 되면 이 모든 일이 다 끝나리라 하더라
10. 많은 사람이 연단을 받아 스스로 정결케 하며 희게 할 것이나 악한 사람은 악을 행하
리니 악한 자는 아무도 깨닫지 못하되 오직 지혜있는 자는 깨달으리라
13. 너는 가서 마지막을 기다리라 이는 네가 평안히 쉬다가 끝날 때에는 네 업을 누릴 것
임이니라

임마누엘!

건강하게 사는 비결을 알자

마 12:34 독사의 자식들아 너희는 악하니 어떻게 선한 말을 할 수 있느냐 이는 마음에 가득한 것을 입으로 말함이라
37. 네 말로 의롭다 함을 받고 네 말로 정죄함을 받으리라

약 3:8 혀는 능히 길들일 사람이 없나니 쉬지 아니하는 악이요 죽이는 독이 가득한 것이라
14. 그러나 너희 마음속에 독한 시기와 다툼이 있으면 자랑하지 말라 진리를 거스려 거짓하지 말라

인품있는 생활을 해야 한다.

사 3:8 예루살렘이 멸망하였고 유다가 엎드러졌음은 그들의 언어와 행위가 여호와를 거스려서 그 영광의 눈을 촉범하였음이라

말을 잘못하면 가래 때문에 고통을 받는다

욥기 5:2 분노가 미련한 자를 죽이고 시기가 어리석은 자를 멸하느니라
17. 볼찌어다 하나님께 징계받는 자에게는 복이 있나니 그런즉 너는 전능자의 경책를 업신여기지 말찌니라
18. 하나님은 아프게 하시다가 싸매시며 상하게 하시다가 그의 손으로 고치시나니
19. 여섯 가지 환난에서 너를 구원하시며 일곱 가지 환난이라도 그 재앙이 네게 미치지 않게 하시며

전도서 5:6 네 입으로 네 육체를 범죄케 말라 사자앞에서 내가 서원한 것이 실수라고 말

하지 말라 어찌 하나님으로 네 말소리를 진노하사 네 손으로 한 것을 멸하시게 하랴

시편 109:17 저가 저주하기를 좋아하더니 그것이 자기에게 임하고 축복하기를 기뻐하지 아니하더니 복이 저를 멀리 떠났으며

잠언 18:6 미련한 자의 입술은 다툼을 일으키고 그 입은 매를 자청하느니라
20. 사람은 입에서 나오는 열매로 하여 배가 부르게 되나니 곧 그 입술에서 나는 것으로 하여 만족하게 되느니라
21. 죽고 사는 것이 혀의 권세에 달렸나니 혀를 쓰기 좋아하는 자는 그 열매를 먹으리라
14. 사람의 심령은 그의 병을 능히 이기려니와 심령이 상하면 그것을 누가 일으키겠느냐

잠언 12:25 근심이 사람의 마음에 있으면 그것으로 번뇌케 하나 선한 말은 그것을 즐겁게 하느니라

빌 1:8 내가 예수 그리스도의 심장으로 너희 무리를 어떻게 사모하는지 하나님이 내 증인이시니라

빌 2:3 아무 일에든지 다툼이나 허영으로 하지 말고 오직 겸손한 마음으로 각각 자기보다 남을 낫게 여기고
4. 각각 자기 일을 돌볼뿐더러 또한 각각 다른 사람들의 일을 돌아보아 나의 기쁨을 충만하게 하라
5. 너희 안에 이 마음을 품으라 곧 그리스도 예수의 마음이니

창 1:27 하나님이 자기 형상 곧 하나님의 형상대로 사람을 창조하시되 남자와 여자를 창조하시고

사 38:1 그즈음에 히스기야가 병들어 죽게 되니 아모스의 아들 선지자 이사야가 나아와 그에게 이르되 여호와께서 이같이 말씀하시기를 너는 네 집에 유언하라 네가 죽고 살지 못하리라 하셨나이다

2. 히스기야가 얼굴을 벽으로 향하고 여호와께 기도하여
3. 가로되 여호와여 구하오니 내가 주의 앞에서 진실과 전심으로 행하며 주의 목전에서
선하게 행한 것을 추억하옵소서 하고 심히 통곡하니
4. 이에 여호와의 말씀이 이사야에게 임하니라 가라사대
5. 너는 가서 히스기야에게 이르기를 네 조상 다윗의 하나님 여호와께서 이같이 말씀하시
기를 내가 네 기도를 들었고 네 눈물을 보았노라 내가 네 수한에 십오년을 더하고

역대하 32:24 그때에 히스기야가 병들어 죽게 된고로 여호와께 기도하매 여호와께서 그
에게 대답하시고 또 이적으로 보이셨으나
25. 히스기야가 마음이 교만하여 그 받은 은혜를 보답지 아니하므로 진노가 저와 유다와
예루살렘에 임하게 되었더니
26. 히스기야가 마음의 교만함을 뉘우치고 예루살렘 거민들도 그와같이 하였으므로 여호
와의 노가 히스기야의 생전에는 저희에게 임하지 아니하니라

히 12:5 또 아들들에게 권하는 것 같이 너희에게 권면하신 말씀도 잊었도다 일렀으되 내
아들아 주의 징계하심을 경히 여기지 말며 그에게 꾸지람을 받을 때에 낙심하지 말라
6. 주께서 그 사랑하시는 자를 징계하시고 그가 받으시는 아들마다 채찍질하심이라 하였
으니
7. 너희가 참음은 징계를 받기 위함이라 하나님이 아들과 같이 너희를 대우하시나니 어찌
아비가 징계하지 않는 아들이 있으리요
8. 징계는 다 받는 것이거늘 너희에게 없으면 사생자요 참 아들이 아니니라
9. 또 우리 육체의 아버지가 우리를 징계하여도 공경하였거든 하물며 모든 영의 아버지께
더욱 복종하여 살려 하지 않겠느냐
10. 저희는 잠시 자기의 뜻대로 우리를 징계하였거니와 오직 하나님은 우리의 유익을 위
하여 그의 거룩하심에 참예케 하시느니라
11. 무릇 징계가 당시에는 즐거워 보이지 않고 슬퍼 보이나 후에 그로 말미암아 연달한
자에게는 의의 평강한 열매를 맺나니

신 28:58 네가 만일 이 책에 기록한 이 율법의 모든 말씀을 지켜 행하지 아니하고 네 하

나님 여호와라 하는 영화롭고 두려운 이름을 경외하지 아니하면
59. 여호와께서 너의 재앙과 네 자손의 재앙을 극렬하게 하시리니 그 재앙이 크고 오래고
그 질병이 중하고 오랠 것이라
60. 여호와께서 네가 두려워하던 애굽의 모든 질병을 네게로 가져다가 네 몸에 들어붓게
하실 것이며
61. 또 이 율법 책에 기록지 아니한 모든 질병과 모든 재앙을 너의 멸망하기까지 저 여호
와께서 네게 내리실 것이니
62. 너희가 하늘의 별 같지 많았을찌라도 네 하나님 여호와의 말씀을 순종치 아니하므로
남는 자가 얼마되지 못할 것이라

약 5:14 너희 중에 병든 자가 있느냐 저는 교회의 장로들을 청할 것이요 그들은 주의 이
름으로 기름을 바르며 위하여 기도할찌니라
16. 이러므로 너희 죄를 서로 고하며 병 낫기를 위하여 서로 기도하라 의인의 간구는 역
사하는 힘이 많으니라

막 16:15 또 가라사대 너희는 온 천하에 다니며 만민에게 복음을 전파하라
16. 믿고 세례를 받는 사람은 구원을 얻을 것이요 믿지 않는 사람은 정죄를 받으리라
17. 믿는 자들에게는 이런 표적이 따르리니 곧 저희가 내 이름으로 귀신을 쫓아내며 새
방언을 말하며
18. 뱀을 집으며 무슨 독을 마실찌라도 해를 받지 아니하며 병든 사람에게 손을 얹은즉
나으리라 하시더라

무릎이 너무 쑤시고 아파서 수술을 하려고 병원에 예약을 하고 나니 나훔2:10 말씀을 주시는데, 내가 낙담하고 있구나

나훔 2:10 니느웨가 공허하였고 황무하였도다 거민이 낙담하여 그 무릎이 서로 부딪히며 모든 허리가 아프게 되며 모든 낯이 빛을 잃도다

욥기 33:16 사람의 귀를 여시고 인치듯 교훈하시나니

17. 이는 사람으로 그 꾀를 버리게 하려하심이며 사람에게 교만을 막으려 하심이라
22. 그의 혼이 구덩이에 그의 생명이 멸하는 자에게 가까와지느니라
23. 그럴 때에 만일 일천 천사 가운데 하나가 그 사람의 해석자로 함께 있어서 그 정당히
행할 것을 보일찐대
24. 하나님이 그 사람을 긍휼히 여기사 이르시기를 그를 건져서 구덩이에 내려가지 않게
하라 내가 대속물을 얻었다 하시리라
25. 그런즉 그 살이 어린 아이보다 연하여져서 소년 때를 회복할 것이요
26. 그는 하나님께 기도하므로 하나님이 은혜를 베푸사 그로 자기의 얼굴을 즐거이 보게
하시고 사람에게 그 의를 회복시키시느니라
27. 그가 사람 앞에서 노래하여 이르기를 내가 전에 범죄하여 시비를 바꾸었으나 내게 무
익하였었구나

시편 34:10 젊은 사자는 궁핍하여 주릴찌라도 여호와를 찾는 자는 모든 좋은 것에 부족
함이 없으리로다
18. 여호와는 마음이 상한 자에게 가까이 하시고 중심에 통회하는 자를 구원하시는도다
20. 그 모든 뼈를 보호하심이여 그 중에 하나도 꺾이지 아니하도다

관절을 보호하신다

겔 33:1 여호와의 말씀이 내게 임하여 가라사대
2. 인자야 너는 네 민족에게 고하여 이르라 가령 내가 칼을 한땅에 임하게 한다 하자 그
땅 백성이 자기 중에 하나를 택하여 파숫군을 삼은
3. 그 사람이 칼이 그 땅에 임함을 보고 나팔을 불어 백성에게 경고하되
4. 나팔소리를 듣고도 경비를 하지 아니하므로 그 임하는 칼에 제함을 당하면 그 피가 자
기의 머리로 돌아갈 것이라
5. 그가 경비를 하였던들 자기 생명을 보전하였을 것이나 나팔 소리를 듣고도 경비를 하
지 아니하였으니 그 피가 자기에게로 돌아가리라
6. 그러나 파숫군이 칼이 임함을 보고도 나팔을 불지 아니하여 백성에게 경고치 아니하므
로 그 중에 한 사람이 그 임하는 칼에 제함을 당하면 그는 자기 죄악 중에서 제한바 되려

니와 그 죄를 내가 파숫군의 손에서 찾으리라

어느날 맥박이 약해 집근처의 내과를 갔는데, 원장님이 진료를 보다가 119를 불러 종합병원 응급실로 이송시켜서 진찰을 받는데, 갑자기 내가 생각이 들기를 가정마다 환자가 있는데 내가 응급실에서 있을 시간이 어디있나 라고 생각을 하고 있을 때, 응급실 담당의가 와서는 퇴원을 해도 된다라고 허락을 하셔서 집에 있던 큰딸에게 연락을 하였더니 바로 병원으로 달려왔습니다. 큰딸은 아무래도 다시 진찰을 받아보자고 해서 다시 진찰을 받았지만, 결과는 아무런 병이 나타나지 않아서 퇴원을 하게 되었습니다. 집에 돌아와서는 큰딸과 작은 딸이 하는 말이 엄마는 하나님빽이 크다. 나도 엄마같이 그런 복을 받기를 원한다는 말을 들었습니다.

시편 103:1 내 영혼아 여호와를 송축하라 내 속에 있는 것들아 다 그 성호를 송축하라
2. 내 영혼아 여호와를 송축하며 그 모든 은택을 잊지 말찌어다
3. 저가 네 모든 죄악을 사하시며 네 모든 병을 고치시며
4. 네 생명을 파멸에서 구속하시고 인자와 긍휼로 관을 씌우시며
5. 좋은 것으로 네 소원을 만족케 하사 네 청춘으로 독수리같이 새롭게 하시는도다
13. 아비가 자식을 불쌍히 여김같이 여호와께서 자기를 경외하는 자를 불쌍히 여기시나니

고전 9:16 내가 복음을 전할찌라도 자랑할 것이 없음은 내가 부득불 할 일임이라 만일 복음을 전하지 아니하면 내게 화가 있을 것임이로라

렘 48:10 여호와의 일을 태만히 하는 자는 저주를 받을 것이요 자기 칼을 금하여 피를 흘리지 아니하는 자도 저주를 당할 것이로다

1974년 교회를 세워놓고 자살할 수밖에 없는 가정에 전도를 하지 않고 있으니 작은 딸 수미의 열손가락이 생인손이 되는데 다음부터는 순종할테니 낫게 해달라고 기도를 드리는데, 그날 그 시간에 즉시 나아서 참으로 놀라웠습니다. 이 일을 통해 하나님은 깨우침을 주셨고 순종이 제사보다 낫다는 말씀에 확신을 받았습니다.

욥기 33:16 사람의 사람의 귀를 여시고 인치듯 교훈하시나니
17. 이는 사람으로 그 꾀를 버리게 하려 하심이며 사람에게 교만을 막으려 하심이라
18. 그는 사람의 혼으로 구덩이에 빠지지 않게 하시며 그 생명으로 칼에 멸망치 않게 하
시느니라
19. 혹시는 사람이 병상의 고통과 뼈가 늘 쑤심의 징계를 받나니
20. 그의 마음은 식물을 싫어하고 그의 혼은 별미를 싫어하며
21. 그의 살은 파리하여 보이지 아니하고 보이지 않던 뼈가 드러나서
22. 그의 혼이 구덩이에, 그의 생명이 멸하는 자에게 가까와지느니라
23. 그럴 때에 만일 일천 천사 가운데 하나가 그 사람의 해석자로 함께 있어서 그 정당히
행할 것을 보일찐대
24. 하나님이 그 사람을 긍휼히 여기사 이르시기를 그를 건져서 구덩이에 내려가지 않게
하라 내가 대속물을 얻었다 하시리라
25. 그런즉 그 살이 어린 아이보다 연하여져서 소년 때를 회복할 것이요
26. 그는 하나님께 기도하므로 하나님이 은혜를 베푸사 그로 자기의 얼굴을 즐거이 보게
하시고 사람에게 그 의를 회복시키시느니라

약 1:2 내 형제들아 너희가 여러 가지 시험을 만나거든 온전히 기쁘게 여기라
3. 이는 너희 믿음의 시련이 인내를 만들어 내는 줄 너희가 앎이라
4. 인내를 온전히 이루라 이는 너희로 온전하고 구비하여 조금도 부족함이 없게 하려 함
이라
5. 너희 중에 누구든지 지혜가 부족하거든 모든 사람에게 후히 주시고 꾸짖지 아니하시는
하나님께 구하라 그리하면 주시리라
6. 오직 믿음으로 구하고 조금도 의심하지 말라 의심하는 자는 마치 바람에 밀려 요동하
는 바다 물결 같으니
12. 시험을 참는 자는 복이 있도다 이것에 옳다 인정하심을 받은 후에 주께서 자기를 사
랑하는 자들에게 약속하신 생명의 면류관을 얻을 것임이니라

눅 11:34 네 몸의 등불은 눈이라 네 눈이 성하면 온 몸이 밝을 것이요 만일 나쁘면 네 몸
도 어두우리라

시편 19:7 여호와의 율법은 완전하여 영혼을 소성케 하고 여호와의 증거는 확실하여 우둔한 자를 지혜롭게 하며
8. 여호와의 교훈은 정직하여 마음을 기쁘게 하고 여호와의 계명은 순결하여 눈을 밝게 하시도다

신 34:7 모세의 죽을 때 나이 일백이십세나 그 눈이 흐리지 아니하였고 기력이 쇠하지 아니하였더라

출 23:25 너의 하나님 여호와를 섬기라 그리하면 여호와가 너희의 양식과 물에 복을 내리고 너희 중에서 병을 제하리니

출 15:26 가라사대 너희가 너희 하나님 나 여호와의 말을 청종하고 나의 보기에 의를 행하며 내 계명에 귀를 기울이며 내 모든 규례를 지키면 내가 애굽사람에게 내린 모든 질병의 하나도 너희에게 내리지 아니하리니 나는 너희를 치료하는 여호와임이니라

시편 103:1 내 영혼아 여호와를 송축하라 내 속에 있는 것들아 다 그 성호를 송축하라
2. 내 영혼아 여호와를 송축하며 그의 모든 은택을 잊지 말찌어다
3. 저가 네 모든 죄악을 사하시며 네 모든 병을 고치시며
4. 네 생명을 파멸에서 구속하시고 인자와 긍휼로 관을 씌우시며
5. 좋은 것으로 네 소원을 만족케 하사 네 청춘으로 독수리 같이 새롭게 하시는도다

말 4:2 내 이름을 경외하는 너희에게는 의로운 해가 떠올라서 치료하는 광선을 발하리니 너희가 나가서 외양간에서 나온 송아지 같이 뛰리라

사 33:24 그 거민은 내가 병들었노라 하지 아니할 것이라 거기 거하는 백성이 사죄함을 받으리라

역대하 16:12 아사가 왕이 된 지 삼십 구년에 그 발이 병들어 심히 중하나 병이 있을때에 저가 여호와께 구하지 아니하고 의원들에게 구하였더라

막 5:25 열두 해를 혈루증으로 앓는 한 여자가 있어
34. 예수께서 가라사대 딸아 네 믿음이 너를 구원하였으니 평안히 가라 네 병에서 놓여 건강할찌어다

인본주의가 신본주의로 되어야 되고 이기주의가 이타주의로 되어야 합니다.

엡 4:22 너희는 유혹의 욕심을 따라 썩어져 가는 구습을 좇는 옛 사람을 벗어 버리고
23. 오직 심령으로 새롭게 되어
24. 하나님을 따라 의와 진리의 거룩함으로 지으심을 받은 새 사람을 입으라
25. 그런즉 거짓을 버리고 각각 그 이웃으로 더불어 참된 것을 말하라 이는 우리가 서로 지체가 됨이니라
26. 분을 내어도 죄를 짓지 말며 해가 지도록 분을 품지 말고
27. 마귀로 틈을 타지 못하게 하라
28. 도적질하는 자는 다시 도적질하지 말고 돌이켜 빈궁한 자에게 구제할 것이 있기 위하여 제 손으로 수고하여 선한 일을 하라
29. 무릇 더러운 말은 너희 입밖에도 내지 말고 오직 덕을 세우는데 소용되는대로 선한 말을 하여 듣는 자들에게 은혜를 끼치게 하라
30. 하나님의 성령을 근심하게 하지 말라 그 안에서 너희가 구속의 날까지 인치심을 받았느니라

그러므로 완전히 변화 받아야 건강하게 살 수 있습니다.

하나님의 법도와 규례를 지키고 말씀 안에서 살지 않으면 각색 병을 몸에다 들어붓는다고 했습니다. 그렇게 애굽에 내린 모든 질병을 네 몸에 붓게 하실 것이라 했는데 우리는 알게 모르게 많은 병으로 고통받고 죽어가는 사람이 너무나 많습니다. 그래서 평생을 살면서 부귀영화를 위해 살아왔지만 제 몸이 아프면 아무 소용도 없고 주위 사람들도 얼마나 고통을 당합니까? 이렇게 우리가 건강을 잃으면 모든 것을 잃는다고 했는데 우리는 질병도 하나님의 주권 속에 있음을 깨달아서 우리의 삶을 뒤돌아보아야 할 것입니다.

사 28:19 그것이 유행할 때마다 너희를 잡을 것이니 아침마다 유행하고 주야로 유행한즉 그 전하는 도를 깨닫는 것이 오직 두려움이라

감기는 만병의 시초라 했습니다. 아무리 의학이 발달해도 감기 하나 제대로 치료하지 못합니다. 진심으로 하나님 앞에 오면 질병도 물러갈 것입니다. 그러니 진심으로 하나님의 마음과 뜻에 맞는 삶인지 생각해 보아야 할 것입니다.

하나님을 의지하지 않고 사람을 의지하다 아사왕이 죽었습니다. 우리를 향하신 하나님이 누구보다도 우리를 잘 아시는데 그것을 모르고 사람들에게 의지하다 병명과 근원도 모르면서 죽어가는 사람들이 얼마나 많습니까?

어떤 사람이 병에 걸려서 6년 동안이나 고생을 하면서 치료를 해도 낫지를 않았는데 어느날 누구와 원수 맺었던 것이 생각이 나면서 그를 용서하라는 마음의 감동과 함께 회개하는 역사가 있은 후 차츰 병이 호전되었다고 하였습니다. 그러니까 이 마음의 평안이 얼마나 중요한지 모릅니다. 마음에서 남과 원수 맺으면 없던 병도 찾아온다는 것을 깨닫고 하나님 안에서 늘 정한 마음을 가지는 것이 건강의 비결입니다.

마 18:7 실족케 하는 일들이 있음을 인하여 세상에 화가 있도다 실족케 하는 일이 없을 수는 없으나 실족케 하는 그 사람에게는 화가 있도다
8. 만일 네 손이나 네 발이 너를 범죄케 하거든 찍어 내버리라 불구자나 절뚝발이로 영생에 들어가는 것이 두 손과 두 발을 가지고 영원한 불에 던져지는 것보다 나으니라
15. 네 형제가 죄를 범하거든 가서 너와 그 사람과만 상대하여 권고하라 만일 들으면 네가 네 형제를 얻은 것이요
18. 진실로 너희에게 이르노니 무엇이든지 너희가 땅에서 매면 하늘에서도 매일 것이요 무엇이든지 땅에서 풀면 하늘에서도 풀리리라
19. 진실로 다시 너희에게 이르노니 너희 중의 두 사람이 땅에서 합심하여 무엇이든지 구하면 하늘에 계신 내 아버지께서 저희를 위하여 이루게 하시리라

마 10:1 예수께서 그 열두 제자를 부르사 더러운 귀신을 쫓아내며 모든 병과 모든 약한

것을 고치는 권능을 주시니라
8. 병든 자를 고치며 죽은 자를 살리며 문둥이를 깨끗하게 하며 귀신을 쫓아내되 너희가 거저 받았으니 거저주어라
16. 보라 내가 너희를 보냄이 양을 이리 가운데 보냄과 같도다 그러므로 너희는 뱀 같이 지혜롭고 비둘기같이 순결하라

마 9:35 예수께서 모든 성과 촌에 두루 다니사 저희 회당에서 가르치시며 천국 복음을 전파하시며 모든 병과 모든 약한 것을 고치시니라
38. 그러므로 추수하는 주인에게 청하여 추수할 일군들을 보내어 주소서 하라 하시니라

렘 46:11 처녀 딸 애굽이여 길르앗으로 올라가서 유향을 취하라 네가 많은 의약을 쓸지라도 무효하여 낫지 못하리라

사 43:21 이 백성은 내가 나를 위하여 지었나니 나의 찬송을 부르게 하려 함이니라

요 5:1 그 후에 유대인의 명절이 있어 예수께서 예루살렘에 올라가시니라

살전 5:15 삼가 누가 누구에게든지 악으로 악을 갚지 말게 하고 오직 피차 대하든지 모든 사람을 대하든지 항상 선을 좇으라
17. 쉬지말고 기도하라
18. 범사에 감사하라 이는 그리스도 예수 안에서 너희를 향하신 하나님의 뜻이니라
23. 평강의 하나님이 친히 너희로 온전히 거룩하게 하시고 또 너희 온 영과 혼과 몸이 우리 주 예수 그리스도 강림하실 때에 흠없게 보전되기를 원하노라

찬송

여호와 깃발을 세우고 모은다

사 5:26 기를 세우시고 먼 나라들을 불러 땅 끝에서부터 오게 하실것이라 보라 그들이 빨리 달려 올 것이로되

예루살렘에 세워질 복음의 깃발 그 깃발을 먼 나라 대한민국에서 깃발이 들릴 것입니다. 남북이 복음으로 통일되면 우리는 실크로드로 달려갈 것입니다. 그리고 아시아 하이웨이의 끝자락 저 이스라엘 예루살렘에 우리는 복음의 깃발을 휘날릴 것입니다. 예수님의 보혈로 적셔진 그 깃발을 우리는 들 것입니다.

마 24:31 저가 큰 나팔소리와 함께 천사들을 보내리니 저희가 그 택하신 자들을 하늘 이 끝에서 저 끝까지 사방에서 모으리라

호령과 천사장의 나팔소리가 울리는 그날! 우리가 이 자유하는 날에 우리가 만나지 못했던 이 축복된 사람들을 우리는 만나보게 될 것입니다. 우리의 영원한 식구를 만납니다.

히 10:24 서로 돌아보아 사랑과 선행을 격려하며
25. 모이기를 폐하는 어떤 사람들의 습관과 같이 하지 말고 오직 권하여 그날이 가까움을 볼수록 더욱 그리하자

그날이 가까이 왔는데 우리는 더 준비할 것입니다. 예수님의 십자가 보혈로 적셔진 그 은혜를 더 누리고 더 힘써 증거하겠습니다. 어떻게 그날을 맞이하겠습니까!!

전 4:12 한 사람이면 패하겠거니와 두 사람이면 능히 당하나니 삼겹 줄은 쉽게 끊어지지 아니하느니라

우리는 힘듭니다. 우리의 힘을 모아도 우리는 힘이 없습니다. 그러나 나와 예수님과 성령님이 함께라면 세상이 우리를 감당하지 못할 것입니다.

마 18:19 진실로 다시 너희에게 이르노니 너희 중에 두 사람이 땅에서 합심하여 무엇이든지 구하면 하늘에 계신 내 아버지께서 저희를 위하여 이루게 하시리라
20. 두 세사람이 내 이름으로 모인 곳에는 나도 그들 중에 있느니라

성령님이 우리를 위해서 말할 수 없는 탄식으로 기도하고 내가 성령님을 붙들고 간절히 기도하면 하나님이 못 들으실 기도가 없음을 믿습니다. 성령님 늘 우리를 붙드시옵소서.

히 4:12 하나님의 말씀은 살았고 운동력이 있어 좌우에 날선 어떤 검보다도 예리하여 혼과 영과 및 관절과 골수를 찔러 쪼개기까지 하며 또 마음의 생각과 뜻을 감찰하나니
14. 그러므로 우리에게 큰 대제사장이 있으니 승천하신 자 곧 하나님 아들 예수시라 우리가 믿는 도리를 굳게 잡을찌어다
16. 그러므로 우리가 긍휼하심을 받고 때를 따라 돕는 은혜를 얻기 위하여 은혜의 보좌 앞에 담대히 나아갈 것이니라

하나님의 말씀은 살았습니다. 이천 년 전에 흘리신 보혈의 피는 지금도 살아 역사하는 피입니다. 썩지 않고 쇠하지 않는 그 피의 말씀이 지금도 우리를 생명으로 세웁니다. 우리로 능력있게 합니다. 우리 마음의 뜻과 생각을 감찰하게 합니다. 그리고 우리는 담대히 은혜의 보좌 앞으로 당당히 나갑니다.

습 3:18 내가 대회로 인하여 근심하는 자를 모으리니 그들은 네게 속한 자라 너의 치욕이 그들에게 무거운 짐이 되었느니라

미가 4:6 여호와께서 말씀하시되 그날에는 내가 저는 자를 모으며 겨난 자와 내가 환난 받게 한 자를 모아
7. 그 저는 자로 남은 백성이 되게 하며 멀리 쫓겨났던 자로 강한 나라가 되게 하고 나 여

호와가 시온산에서 이제부터 영원까지 그들을 치리하리라 하셨나니
8. 너 양떼의 망대요 딸 시온의 산이여 이전 권능 곧 딸 예루살렘의 나라가 네게로 돌아오리라
9. 이제 네가 어찌하여 부르짖느냐 너희 중에 왕이 없어졌고 네 모사가 죽었으므로 네가 해산하는 여인처럼 고통함이냐

땅에서의 모든 수고는 이제 끝입니다. 땅에서 당한 모든 환난과 핍박은 이제 떠나게 될 것입니다. 우리를 대적했던 모든 악한 것들이 철저하게 심판받게 될 것입니다. 모든 원수는 진멸되고 지옥의 형벌에 던지질 것입니다. 우리를 힘들게 한 흉악의 결박이 풀어지고 멍에의 줄은 다 끊러질 것입니다. 진리 안에서 우리는 완전한 자유를 누릴 것입니다.

시편 50:5 이르시되 나의 성도를 네 앞에 모으라 곧 제사로 나와 언약한 자니라 하시도다

렘 31:8 보라 내가 그들을 북편 땅에서 인도하며 땅 끝에서부터 모으리니 그들 중에는 소경과 절뚝발이와 잉태한 여인과 해산하는 여인이 함께하여 큰 무리를 이루어 이곳으로 돌아오되
9. 울며 올 것이며 그들이 나의 인도함을 입고 간구할 때에 내가 그들로 넘어지지 아니하고 하숫가의 바른 길로 행하게 하리라 나는 이스라엘의 아비요 에브라임은 나의 장자니라
12. 그들이 와서 시온의 높은 곳에서 찬송하며 여호와의 은사 곧 곡식과 새 포도주와 기름과 어린 양의 떼와 소의 떼에 모일 것이라 그 심령은 물댄 동산 같겠고 다시는 근심이 없으리로다 할찌어다
13. 그 때에 처녀는 춤추며 즐거워하겠고 청년과 노인이 함께 즐거워하리니 내가 그들의 슬픔을 돌이켜 즐겁게 하며 그들을 위로하여 근심한 후에 기쁨을 얻게 할 것임이니라
14. 내가 기름으로 제사장들의 심령에 흡족케 하며 내 은혜로 내 백성에게 만족케 하리라 여호와의 말이니라

이런 기쁨은 일찍이 없었습니다. 남녀노소가 함께 어우러져 즐거워하고 가난한자, 소외받던 자, 갇힌 자, 소망의 끈을 놓쳤던 자들이 그날에 모두가 뛰쳐나와 외칠 것입니

다. 자유의 날개를 활짝 펴고 훨훨 날아가며 춤출 것입니다. 소리 높여 외치며 찬송할 것입니다.

민 23:12 대답하여 가로되 여호와께서 내 입에 주신 말씀을 내가 어찌 말하지 아니할 수 있으리이까

출 4:12 이제 가라 내가 네 입과 함께 있어서 할 말을 가르치리라

우리 입에 이미 생명을 담으셨는데 이 생명의 입으로 어떻게 하나님의 말씀을 전하지 않을 수 있습니까! 담대히 전하겠습니다. 구원하는 생명의 입으로 복음을 외치겠습니다.

마 10:20 말하는 이는 너희가 아니라 너희 속에서 말씀하시는 자 곧 너희 아버지의 성령이시니라

성령님이 모든 통로를 다시 활짝 열 것입니다. 이제 성령님이 모든 길을 생명의 길로 이끄십니다. 이제 하나님이 우리 입을 통해서 말씀하시니 어떻게 능력이 나타나지 않을 수 있습니까! 강하게 역사하시는 하나님을 찬양합니다.

요 14:26 보혜사 곧 아버지께서 내 이름으로 보내실 성령 그가 너희에게 모든 것을 가르치시고 내가 너희에게 말한 모든 것을 생각나게 하시리라
27. 평안을 너희에게 끼치노니 곧 나의 평안을 너희에게 주노라 내가 너희에게 주는 것은 세상이 주는 것 같지 아니하리라 너희는 마음에 근심도 말고 두려워하지도 말라

예수님의 보혈의 피로 성령님의 길을 여셨습니다. 지금도 성령님은 예수님의 피로 적셔진 우리에게 오셔서 놀라운 일들을 행하십니다. 평안이 우리를 덮고 근심과 걱정은 물러갑니다.

요한일서 5:12 아들이 있는 자에게는 생명이 있고 하나님의 아들이 없는 자에게는 생명

이 없느니라

우리 생명이 예수님의 보혈로 다시 생명을 얻습니다. 참 생명을 얻게 된 것입니다. 다른 곳에 이 생명을 허락지 않으셨습니다. 오직 예수님의 보혈에 생명을 담아 놓으셨습니다.

시편 2:12 그 아들에게 입맞추라 그렇지 아니하면 진노하심으로 너희가 길에서 망하리니 그 진노가 급하심이라 여호와를 의지하는 자는 다 복이 있도다

요 3:16 하나님이 세상을 이처럼 사랑하사 독생자를 주셨으니 이는 저를 믿는 자마다 멸망치 아니하고 영생을 얻게 하려 하심이니라
18. 저를 믿는 자는 심판을 받지 아니할 것이요 믿지 아니하는 자는 하나님의 독생자의 이름을 믿지 아니하므로 벌써 심판을 받은 것이니라
36. 아들을 믿는 자는 영생이 있고 아들을 순종치 아니하는 자는 영생을 보지 못하고 도리어 하나님의 진노가 그 위에 머물러 있느니라

하나님의 약속은 오직 한가지입니다. 아들 예수님을 믿는 자, 아들의 피에 적셔진 자, 오직 아들을 통해서만 영생의 길을 여셨습니다. 아직 예수님의 피에 적셔져 있지 않습니까! 지금이 은혜받을 만한 때이고 지금이 구원의 날입니다. 지금 당장 그 피에 우리는 잠겨야 합니다. 회개해야 합니다.

요한일서 4:2 하나님의 영은 이것으로 알찌니 곧 예수 그리스도께서 육체로 오신 것을 시인하는 영마다 하나님께 속한 것이요

우리 모두 작은 예수가 되어야 합니다. 우리가 예수님 손발이 되어야 합니다. 그분을 부릅시다. 우리가 시인하면 우리 하나님이 우리도 시인할 것입니다.

요 10:9 내가 문이니 누구든지 나로 말미암아 들어가면 구원을 얻고 또는 들어가며 나오며 꼴을 얻으리라

10. 도적이 오는 것은 도적질하고 죽이고 멸망시키려는 것뿐이요 내가 온 것은 양으로 생명을 얻게 하고 더 풍성히 얻게 하려는 것이라

우리는 더 풍성한 은혜를 누릴 자격이 있습니다. 우리가 예수님의 문, 십자가를 통과한 문에 들어서면 세상이 우리를 감당치 못합니다.

마 3:12 손에 키를 들고 자기의 타작마당을 정하게 하사 알곡은 모아 곡간에 들이고 죽정이는 꺼지지 않는 불에 태우시리라

알곡은 예수님의 피에 적셔진 자, 쭉정이는 예수님의 피가 없는 자, 알곡 예수님의 피에 물든 자는 천국으로 피가 보이지 않는 자는 형벌이 있는 지옥으로 던져집니다. 그 기준은 예수님의 피입니다.

막 3:35 누구든지 하나님의 뜻대로 하는 자는 내 형제요 자매요 모친이니라

겔 2:1 그가 내게 이르시되 인자야 일어서라 내가 네게 말하리라 하시며
4. 이 자손은 얼굴이 뻔뻔하고 마음이 강퍅한 자니라 내가 너를 그들에게 보내노니 너는 그들에게 이르기를 주 여호와의 말씀이 이러하시다 하라

우리는 바로 알게 됩니다. 뻔뻔스럽고 강퍅한 마음을 가진 자가 누구인지! 예수 십자가 보혈을 설교하지 않는 목회자, 그 은혜에서 멀어진 자를 우리는 바로 알 것입니다.

갈 6:2 너희가 짐을 서로 지라 그리하여 그리스도의 법을 성취하라

우리는 서로의 짐을 질 책임이 있습니다. 우리는 모두가 하나이기 때문입니다. 그 짐을 내가 지고 또 남의 짐도 함께 지는 것 그것은 어색한 것이 아니라 당연한 일입니다. 나의 기쁨이 그 짐을 질 때 우리에게 주어지는 것입니다. 나와 너가 본래 한 하나님으로부터 온 것이기 때문입니다.

호 10:12 너희가 자기를 위하여 의를 심고 긍휼을 거두라 지금이 곧 여호와를 찾을 때니 너희 묵은 땅을 기경하라 마침내 여호와께서 임하사 의를 비처럼 너희에게 내리시리라

우리는 자신에 대해서는 더 철저해질 필요가 있습니다. 자기를 위하여 의를 심는 것은 예수님의 보혈로 자신을 늘 잠기게 하는 일입니다. 자신이 그렇게 하나님께 드림 바가 되면 긍휼의 마음을 품게 됩니다. 그로 긍휼을 거두게 됩니다. 우리는 묵은 땅을 기경해야 합니다. 죄의 땅을 하늘의 땅 곧 십자가를 심어 하늘의 은혜를 보게 해야 합니다.

렘 4:3 나 여호와가 유다와 예루살렘 사람에게 이같이 이르노라 너희 묵은 땅을 갈고 가시덤불 속에 파종하지 말라

눅 9:62 예수께서 이르시되 손에 쟁기를 잡고 뒤를 돌아보는 자는 하나님의 나라에 합당치 아니하니라 하시니라

우리에게 주신 사명의 손을 놓치 말아야 합니다. 제 나이 80이 넘어 이제 전도하기에는 나이가 많아 이렇게 다짐하자 이 생각 이후에 뒤로 넘어지면서 허리가 부러지는 불상사를 당했습니다. 우리는 하나님이 부르시는 그 날까지 사명에 더욱 힘써야 합니다. 지금은 다시 고쳐주셔서 지금도 복음 전파하는 일에 열심을 가지려고 힘쓰고 있습니다.

고전 9:16 내가 복음을 전할찌라도 자랑할 것이 없음은 내가 부득불 할 일임이라 만일 복음을 전하지 아니하면 내게 화가 있을 것임이로라

겔 33:1 여호와의 말씀이 내게 임하여 가라사대
6. 그러나 파숫군이 칼이 임함을 보고도 나팔을 불지 아니하여 백성에게 경고치 아니하므로 그중에 한 사람이 그 임하는 칼에 제함을 당하면 그는 자기 죄악 중에서 제한바 되려니와 그 죄를 내가 파숫군의 손에서 찾으리라

복음 전파하는 일에 힘쓰지 않으면 내게 화가 있을지라! 우리는 호흡이 있는 날까지 찬양하고 또한 전도에 더욱 힘써야 합니다.

롬 11:12 저희의 넘어짐이 세상의 부요함이 되며 저희의 실패가 이방인의 부요함이 되거든 하물며 저희의 충만함이리요
20. 옳도다 그들은 믿지 아니하므로 꺾이우고 너는 믿으므로 섰느니라 높은 마음을 품지 말고 도리어 두려워하라

제가 하나님 뜻을 어겨서 대상포진이 가슴에서 등쪽으로 띠를 형성하며 온 적이 있습니다.

이방인의 이때에 우리는 부지런히 복음 전파에 최선을 다해야 합니다. 이 기회를 우리는 게으름으로 보내서는 안됩니다. 우리의 남은 날이 얼마인지 우리는 알지 못합니다.

요 21:16 또 두 번째 가라사대 요한의 아들 시몬아 네가 나를 사랑하느냐 하시니 가로되 주여 그러하외다 내가 주를 사랑하는 줄 주께서 아시나이다 가라사대 내 양을 치라 하시고

예수님을 사랑하는 것은 예수님을 내 안에 모시는 것입니다. 모신다는 것은 곧 회개한다는 것이지요. 예수님의 보혈로 내 죄를 씻고 그 피가 나를 적셔야 합니다. 그때 우리는 양을 치며 그 사랑을 흘러가게 해야 합니다.

렘 48:10 여호와의 일을 태만히 하는 자는 저주를 받을 것이요 자기 칼을 금하여 피를 흘리지 아니하는 자도 저주를 당할 것이로다

갈 6:17 이후로는 누구든지 나를 괴롭게 말라 내가 내 몸에 예수의 흔적을 가졌노라

예수님의 보혈에 잠긴 자 예수의 흔적이 늘 머문 것이고 예수의 피가 흐르는 자는 태만이 있을 수 없습니다. 성령님이 오셔서 땅끝까지 충성되게 하십니다.

교회 성직자들을 향한 하나님의 말씀

나는 섬기려고 왔지, 섬김을 받으러 오지 않았다고 예수님은 말씀하셨습니다. 그러므로 주님의 제자들인 우리는 섬기는 자가 되어야 합니다. 이것은 특별히 교회지도자와 성직자들에게 주시는 말씀이십니다.

렘 5:13 선지자들은 바람이라 말씀이 그들의 속에 있지 아니한즉 그같이 그들이 당하리라 하느니라

말씀이 없기 때문에 자기를 바로 보지 못하고 오히려 자기를 망치고 당하는 것입니다. 많은 왕들과 선지자들이 하나님을 바로 알지 못하여 이방 신을 섬기고 속세를 사랑하다가 멸망으로 떨어진 사건들을 성경은 우리에게 경고하고 있습니다. 이런 것을 우리는 심각하게 생각하며 다시 말씀에 보니

렘 5:19 그들이 만일 이르기를 우리 하나님 여호와께서 어찌하여 이 모든 일을 우리에게 행하셨느뇨 하거든 너는 그들에게 이르기를 너희가 여호와를 버리고 너희 땅에서 이방 신들을 섬겼은즉 이와 같이 너희것이 아닌 땅에서 이방인들을 섬기리라 하라 20. 너는 이를 야곱 집에 선포하며 유다에 공포하여 이르기를 우준하여 지각이 없으며 눈이 있어도 보지 못하며 귀가 있어도 듣지 못하는 백성이여 이를 들을찌어다 여호와께서 말씀하시되 너희가 나를 두려워 아니하느냐 내 앞에서 떨지 아니하겠느냐 내가 모래를 두어 바다의 계한을 삼되 그것으로 영원한 계한을 삼고 지나치지 못하게 하였으므로 파도가 흉용하나 그것을 이기지 못하며 뛰노나 그것을 넘지 못하느니라

이제 야곱의 집은 곧 하나님이 사랑하는 자녀이며 주님의 제자들은 바로 우리들을 두고 하시는 말씀입니다.

렘 5:24 또 너희 마음으로 우리에게 이른 비와 늦은 비를 때를 따라 주시며 우리를 위하여 추수 기한을 정하시는 우리 하나님 여호와를 경외하자 말하지도 아니하니
25. 너희 허물이 이러한 일들을 물리쳤고 너희 죄가 너희에게 오는 좋은 것을 막았느니라
30. 이 땅에 기괴하고 놀라운 일이 있도다
31. 선지자들은 거짓 예언하며 제사장들은 자기 권력으로 다스리며 내 백성은 그것을 좋게 여기니 그 결국에는 너희가 어찌하려느냐

렘 1:16 무리가 나를 버리고 다른 신들에게 분향하며 자기 손으로 만든 것에 절하였은즉 내가 나의 심판을 베풀어 그들의 모든 죄악을 징계하리라

징계하시는 이유가 이제는 회개하여 정말로 나의 백성이 되어달라고 하십니다. 바른 길로 인도하여 복 주시기 위한 하나님의 징계이지 미워서 버리실 이유이면 그냥 두었다가 마지막 심판 날에 버리신다고 하셨습니다. 늘 경고하시는 말씀을 깨닫고 의의 길로 회개하는 우리들이 되어야 하겠습니다.

살후 2:4 저는 대적하는 자라 범사에 일컫는 하나님이나 숭배함을 받는 자 위에 뛰어나 자존하여 하나님 성전에 앉아 자기를 보여 하나님이라 하느니라

말씀을 받은 자는 하나님의 신을 받은 자라고 했지만, 그 뜻대로 행하지 않고 하나님의 권위만을 나타내는 많은 지도자들에게 마귀가 역사할 수 있으니 속지 말고 늘 겸손하고 교만을 멀리하는 주님의 참 제자와 종이 되시기를 말씀으로 경고하고 있습니다.

막 10:45 인자의 온 것은 섬김을 받으려 함이 아니라 도리어 섬기려 하고 자기 목숨을 많은 사람의 대속물로 주려 함이니라

예수님께서도 이렇게 행하셨으니 주님의 제자인 우리들은 당연히 이 말씀을 따라서 행하여야 하겠습니다. 그것이야말로 주님의 자녀다운 모습이고 주님께 순종하는 모습인 것입니다.

눅 9:23 또 무리에게 이르시되 아무든지 나를 따라오려거든 자기를 부인하고 날마다 제 십자가를 지고 나를 좇을 것이니라

자기를 부인할 줄 아는 자가 제자라고 했습니다. 자기 목숨을 내어놓고 죽으면 죽으리라는 결단을 하는 제자가 주님의 참 자녀입니다.

요 12:43 저희는 사람의 영광을 하나님의 영광보다 더 사랑하였더라
48. 나를 저버리고 내 말을 받지 아니하는 자를 심판할 이가 있으니 곧 나의 한 그 말이 마지막 날에 저를 심판하리라
50. 나는 그의 명령이 영생인 줄 아노라 그러므로 나의 이르는 것은 내 아버지께서 내게 말씀하신 그대로 이르노라 하시니라

딤전 5:12 처음 믿음을 저버렸음으로 심판을 받느니라

처음에 믿었던 믿음, 성령이 임했던 처음의 그 믿음을 버리지 말아야 심판을 안 받는다고 말씀하십니다.

히 13:7 하나님의 말씀을 너희에게 이르고 너희를 인도하던 자들을 생각하며 저희 행실의 종말을 주의하여 보고 저희 믿음을 본받으라
8. 예수 그리스도는 어제나 오늘이나 영원토록 동일하시니라
17. 너희를 인도하는 자들에게 순종하고 복종하라 저희는 너희 영혼을 위하여 경성하기를 자기가 회계할 자인 것 같이 하느니라 저희로 하여금 즐거움으로 이것을 하게 하고 근심으로 하게 하지 말라 그렇지 않으면 너희에게 유익이 없느니라

벧전 5:5 젊은 자들아 이와 같이 장로들에게 순복하고 다 서로 겸손으로 허리를 동이라 하나님은 교만한 자를 대적하시되 겸손한 자들에게는 은혜를 주시느니라

골 3:23 무슨 일을 하든지 마음을 다하여 주께 하듯 하고 사람에게 하듯 하지 말라

검은 옷을 흰 옷으로 갈아입자

슥 3: 3 여호수아가 더러운 옷을 입고 천사 앞에 섰는지라

어느날 제게 주님께서 손발은 뻣뻣하고 목숨만 남겨 놓으시고 목사님 바지저고리를 갈아입히라고 하셨습니다. 주님께서 저를 사용하시겠다는 것입니다.

롬 13:12 밤이 깊고 낮이 가까왔으니 그러므로 우리가 어두움의 일을 벗고 빛의 갑옷을 입자
14. 오직 주 예수 그리스도로 옷 입고 정욕을 위하여 육신의 일을 도모하지 말라

갈 5:16 내가 이르노니 너희는 성령을 좇아 행하라 그리하면 육체의 욕심을 이루지 아니하리라
24 그리스도 예수의 사람들은 육체와 함께 그 정과 욕심을 십자가에 목 박았느니라
22. 오직 성령의 열매는 사랑과 희락과 화평과 오래 참음과 자비와 양선과 충성과 온유와 절제니 이같은 것을 금지할 법이 없느니라

마 23:2 서기관들과 바리새인들이 모세의 자리에 앉았으니
8. 그러나 너희는 랍비라 칭함을 받지 말라 너희 선생은 하나요 너희는 다 형제니라
10. 또한 지도자라 칭함을 받지 말라 너희 지도자는 하나이니 곧 그리스도니라
12. 누구든지 자기를 높이는 자는 낮아지고 자기를 낮추는 자는 높아지리라

마 23:37 예루살렘아 예루살렘아 선지자들을 죽이고 네게 파송된 자들을 돌로 치는 자여 암탉이 그 새끼를 날개 아래 모음 같이 내가 네 자녀를 모으려 한 일이 몇 번이냐 그러나 너희가 원치 아니하였도다

자기가 기른 병아리를 자기가 잡아먹는 것이 자기 성도를 자기가 가로채고 간음한 것입니다.

렘 14:10 여호와께서 이 백성에 대하여 말씀하시되 그들이 어그러진 길을 사랑하여 그 발을 금하지 아니하므로 나 여호와가 그들을 받지 아니하고 이제 그들의 죄를 기억하고 그 죄를 벌하리라 하시고
11. 여호와께서 또 내게 이르시되 너는 이 백성을 위하여 복을 구하지 말라
12. 그들이 금식할찌라도 내가 그 부르짖음을 듣지 아니하겠고 번제와 소제를 드릴찌라도 내가 그것을 받지 아니할 뿐 아니라 칼과 기근과 염병으로 그들을 멸하리라
13. 이에 내가 가로되 슬프도소이다 주 여호와여 보시옵소서 선지자들이 그들에게 이르기를 너희가 칼을 보지 아니하겠고 기근은 너희에게 이르지 아니할 것이라 여호와께서 이곳에서 너희에게 확실한 평강을 주시리라 하나이다
14. 여호와께서 내게 이르시되 선지자들이 내 이름으로 거짓 예언을 하도다 나는 그들을 보내지 아니하였고 그들에게 명하거나 이르지 아니하였거늘 그들이 거짓 계시와 복술과 허탄한 것과 자기 마음의 속임으로 너희에게 예언하도다
15. 그러므로 내가 보내지 아니하였어도 내 이름으로 예언하여 이르기를 칼과 기근이 이 땅에 이르지 아니하리라 하는 선지자들에 대하여 나 여호와가 이같이 이르노라 그 선지자들은 칼과 기근에 멸망할 것이요

계 19:8 그에게 허락하사 빛나고 깨끗한 세마포를 입게 하셨은즉 이 세마포는 성도들의 옳은 행실이로다 하더라

시편 24:4 곧 손이 깨끗하며 마음이 청결하며 뜻을 허탄한데 두지 아니하며 거짓 맹세치 아니하는 자로다

요 5: 30 내가 아무 것도 스스로 할 수 없노라 듣는 대로 심판하노니 나는 나의 원대로 하려하지 않고 나를 보내신 이의 원대로 하려는 고로 내 심판은 의로우니라

계 11:1 또 내게 지팡이 같은 갈대를 주며 말하기를 일어나서 하나님의 성전과 제단과 그

안에서 경배하는 자들을 척량하되
2. 성전 밖 마당은 척량하지 말고 그냥 두라 이것을 이방인에게 주었은즉 저희가 거룩한 성을 마흔 두 달 동안 짓밟으리라

벧전 4: 17 하나님 집에서 심판을 시작할 때가 되었나니 만일 우리에게 먼저 하면 하나님의 복음을 순종치 아니하는 자들의 그 마지막이 어떠하며

행 20: 28 너희는 자기를 위하여 또는 온 양 떼를 위하여 삼가라 성령이 저들 가운데 너희로 감독자를 삼고 하나님이 자기 피로 사신 교회를 치게 하셨느니라

예배를 통해 가정 천국을 만들자

요 4: 23 아버지께 참으로 예배하는 자들은 신령과 진정으로 예배할 때가 오나니 곧 이 때라 아버지께서는 이렇게 자기에게 예배하는 자들을 찾으시느니라

롬 12:1 그러므로 형제들아 내가 하나님의 모든 자비하심으로 너희를 권하노니 너희 몸을 하나님이 기뻐하시는 거룩한 산 제사로 드리라 이는 너희의 드릴 영적 예배니라
2. 너희는 이 세대를 본받지 말고 오직 마음을 새롭게 함으로 변화를 받아 하나님의 선하시고 기뻐하시고 온전하신 뜻이 무엇인지 분별하도록 하라
3. 내게 주신 은혜로 말미암아 너희 중 각 사람에게 말하노니 마땅히 생각할 그 이상의 생각을 품지 말고 오직 하나님께서 각 사람에게 나눠주신 믿음의 분량대로 지혜롭게 생각하라
9. 사랑엔 거짓이 없나니 악을 미워하고 선에 속하라
10. 형제를 사랑하여 서로 우애하고 존경하기를 서로 먼저 하며
18. 할 수 있거든 너희로서는 모든 사람으로 더불어 평화하라
20. 네 원수가 주리거든 먹이고 목마르거든 마시우라 그리함으로 네가 숯불을 그 머리에 쌓아 놓으리라

시편 51:10 하나님이여 내 속에 정한 마음을 창조하시고 내 안에 정직한 영을 새롭게 하소서
17. 하나님의 구하시는 제사는 상한 심령이라 하나님이여 상하고 통회하는 마음을 주께서 멸시치 아니하시리이다

사무엘하 24:25 그 곳에서 여호와를 위하여 단을 쌓고 번제와 화목제를 드렸더니 이에 여호와께서 그 땅을 위하여 기도를 들으시매 이스라엘에게 내리는 재앙이 그쳤더라

여호수아 24:15 만일 여호와를 섬기는 것이 너희에게 좋지 않게 보이거든 너희 열조가 강 저편에서 섬기던 신이든지 혹 너희가 거하는 땅 아모리 사람의 신이든지 너희 섬길 자를 오늘날 택하라 오직 나와 내 집은 여호와를 섬기겠노라
16. 백성이 대답하여 가로되 여호와를 버리고 다른 신들 섬기는 일을 우리가 결단코 하지 아니하오리니
19. 여호수아가 백성에게 이르되 너희가 여호와를 능히 섬기지 못할 것은 그는 거룩하신 하나님이시요 질투하는 하나님이시니 너희 허물과 죄를 사하지 아니하실 것임이라
20. 만일 너희가 여호와를 버리고 이방 신들을 섬기면 너희에게 복을 내리신 후에라도 돌이켜 너희에게 화를 내리시고 너희를 멸하시리라
21. 백성이 여호수아에게 말하되 아니니이다 우리가 정녕 여호와를 섬기겠나이다
22. 여호수아가 백성에게 이르되 너희가 여호와를 택하고 그를 섬기리라 하였으니 스스로 증인이 되었느니라 그들이 가로되 우리가 증인이 되었나이다
23. 여호수아가 가로되 그러면 이제 너희 중에 있는 이방 신들을 제하여 버리고 너희의 마음을 이스라엘의 하나님 여호와께로 향하라

시편 62:1 나의 영혼이 잠잠히 하나님만 바람이여 나의 구원이 그에게서 나는도다

시편 37:5 너의 길을 여호와께 맡기라 저를 의지하면 저가 이루시고

여호와를 믿어야 어두운 터널이 열립니다.

행 16:31 가로되 주 예수를 믿으라 그리하면 너와 네 집이 구원을 얻으리라 하고

삼상 7:3 사무엘이 이스라엘 온 족속에게 일러 가로되 너희가 전심으로 여호와께 돌아오려거든 이방 신들과 아스다롯을 너희 중에서 제하고 너희 마음을 여호와께로 향하여 그만 섬기라 너희를 블레셋 사람의 손에서 건져내시리라

역대하 7:14 내 이름으로 일컫는 내 백성이 그 악한 길에서 떠나 스스로 겸비하고 기도하여 내 얼굴을 구하면 내가 하늘에서 듣고 그 죄를 사하고 그 땅을 고칠찌라

15. 이곳에서 하는 기도에 내가 눈을 들고 귀를 기울이리니

잠언 16:2 사람의 행위가 자기 보기에는 모두 깨끗하여도 여호와는 심령을 감찰하시느니라
3. 너의 행사를 여호와께 맡기라 그리하면 너의 경영하는 것이 이루리라
32. 노하기를 더디하는 자는 용사보다 낫고 자기의 마음을 다스리는 자는 성을 빼앗는 자
보다 나으니라

렘 17:5 나 여호와가 이같이 말하노라 무릇 사람을 믿으며 혈육으로 그 권력을 삼고 마음
이 여호와에게서 떠난 그 사람은 저주를 받을 것이라 9. 만물보다 거짓되고 심히 부패한
것은 마음이라 누가 능히 이를 알리요마는
13. 이스라엘의 소망이신 여호와여 무릇 주를 버리는 자는 다 수치를 당할 것이라 무릇 여
호와를 떠나는 자는 흙의 기록이 되오리니 이는 생수의 근원이신 여호와를 버림이니이다

잠언 4: 23. 무릇 지킬만한 것보다 더욱 네 마음을 지키라 생명의 근원이 이에서 남이니
라
27. 우편으로나 좌편으로나 치우치지 말고 네 발을 악에서 떠나게 하라

잠언 3:1 내 아들아 나의 법을 잊어버리지 말고 네 마음으로 나의 명령을 지키라
2. 그리하면 그것이 너로 장수하여 많은 해를 누리게 하며 평강을 더하게 하리라
3. 인자와 진리로 네게서 떠나지 않게 하고 그것을 네 목에 매며 네 마음판에 새기라
4. 그리하면 네가 하나님과 사람 앞에서 은총과 귀중히 여김을 받으리라
5. 너는 마음을 다하여 여호와를 의뢰하고 네 명철을 의지하지 말라
6. 너는 범사에 그를 인정하라 그리하면 네 길을 지도하시리라
22. 그리하면 그것이 네 영혼의 생명이 되며 네 목에 장식이 되리니
24. 네가 누울 때에 두려워하지 아니하겠고 네가 누운즉 네 잠이 달리로다
33. 악인의 집에는 여호와의 저주가 있거니와 의인의 집에는 복이 있느니라
35. 지혜로운 자는 영광을 기업으로 받거니와 미련한 자의 현달함은 욕이 되느니라

술이 자기 자신을 죽인다

술 때문에 이성을 잃는다면 가정과 사회뿐만 아니라

전도서 8:5 무릇 명령을 지키는 자는 화를 모르리라 지혜자의 마음은 시기와 판단을 분변하나니

생활

눅 21:34 너희는 스스로 조심하라 그렇지 않으면 방탕함과 술취함과 생활의 염려로 마음이 둔하여지고 뜻밖에 그 날이 덫과 같이 너희에게 임하리라

잠언 23:20 술을 즐겨하는 자와 고기를 탐하는 자로 더불어 사귀지 말라

엡 5:16 세월을 아끼라 때가 악하니라
17. 그러므로 어리석은 자가 되지 말고 오직 주의 뜻이 무엇인가 이해하라
18. 술 취하지 말라 이는 방탕한 것이니 오직 성령의 충만을 받으라

불 못 (산 지옥에)

계 21:8 그러나 두려워하는 자들과 믿지 아니하는 자들과 흉악한 자들과 흉악한 자들과 살인자들과 행음자들과 술객들과 우상 숭배자들과 모든 거짓말 하는 자들은 불과 유황으로 타는 못에 참예하리니 이것이 둘째 사망이라

술, 담배 (몸과 생활 전체를)

잠언 1:10 내 아들아 악한 자가 너를 꾈찌라도 좇지 말라

잠언 31:5 술을 마시다가 법을 잊어버리고 모든 간곤한 백성에게 공의를 굽게 할까 두려우니라

빌 4:6 아무 것도 염려하지 말고 다만 모든 일에 기도와 간구로, 너희 구할 것을 감사함으로 하나님께 아뢰라
7. 그리하면 모든 지각에 뛰어난 하나님의 평강이 그리스도 예수 안에서 너희 마음과 생각을 지키시리라

벧전 5:6 그러므로 하나님의 능하신 손 아래에서 겸손하라 때가 되면 너희를 높이시리라
7. 너희 염려를 다 주께 맡기라 이는 저가 너희를 돌보심이라

스트레스에 대처하는

말 한마디에 천 냥 빚을 갚는다.

나 자신한테 속지 말고 상대방도 속으면 안됩니다. 덕을 끼치는 일을 하세요.

호세아 10:12 너희가 자기를 위하여 의를 심고 긍휼을 거두라 지금이 곧 여호와를 찾을 때니 너희 묵은 땅을 기경하라 마침내 여호와께서 임하사 의를 비처럼 너희에게 내리시리라

잠언 14:30 마음의 화평은 육신의 생명이나 시기는 뼈의 썩음이니라

마 4:4 예수께서 대답하여 가라사대 기록되었으되 사람이 떡으로만 살 것이 아니요 하나님의 입으로 나오는 모든 말씀으로 살 것이라 하였느니라 하시니

고후 7:8 그러므로 내가 편지로 너희를 근심하게 한 것을 후회하였으나 지금은 후회하지 아니함은 그 편지가 너희로 잠시만 근심하게 한 줄을 앎이라
11. 보라 하나님의 뜻대로 하게 한 이 근심이 너희로 얼마나 간절하게 하며 얼마나 변명하게 하며 얼마나 분하게 하며 얼마나 두렵게 하며 얼마나 사모하게 하며 얼마나 열심있게 하며 얼마나 벌하게 하였는가, 너희가 저 일에 대하여 일절 너희 자신의 깨끗함을 나타내었느니라

신 5:7 나 외에는 위하는 신들을 네게 있게 말찌니라
10. 나를 사랑하고 내 계명을 지키는 자에게는 천대까지 은혜를 베푸느니라

롬 8:16 성령이 친히 우리의 영으로 더불어 우리가 하나님의 자녀인 것을 증거하시나니

26. 이와 같이 성령도 우리 연약함을 도우시나니 우리는 마땅히 빌바를 알지 못하나 오직
성령이 말할 수 없는 탄식으로 우리를 위하여 친히 간구하시느니라
32. 자기 아들을 아끼지 아니하시고 우리 모든 사람을 위하여 내어주신 이가 어찌 그 아
들과 함께 모든 것을 우리에게 은사로 주지 아니하시겠느뇨

세계평화 남북통일

열두살 때 백두산에서 아래 세계를 보게 하셨습니다.

계 17:1 또 일곱 대접을 가진 일곱 천사 중 하나가 와서 내게 말하여 가로되 이리 오라 많은 물 위에 앉은 큰 음녀가 받을 심판을 네게 보이리라

렘 1:16 무리가 나를 버리고 다른 신들에게 분향하며 자기 손으로 만든 것들에 절하였은즉 내가 나의 심판을 베풀어 그들의 모든 죄악을 징계하리라

출 20:5 그것들에게 절하지 말며 그것들을 섬기지 말라 나 여호와 너의 하나님은 질투하는 하나님인즉 나를 미워하는 자의 죄를 갚되 아비로부터 아들에게로 삼 사대까지 이르게 하거니와

시편 89:12 남북을 주께서 창조하셨으니 다볼과 헤르몬이 주의 이름을 인하여 즐거워하나이다

렘 1:14 여호와께서 내게 이르시되 재앙이 북방에서 일어나 이 땅의 모든 거민들에게 임하리라
15. 나 여호와가 말하노라 내가 북방 모든 나라의 족속을 부를 것인즉 그들이 와서 예루살렘 성문 어구에 각기 자리를 정하고 그 사면 성벽과 유다 모든 성읍을 치리라

사 3:25 너희의 장정은 칼에, 너희의 용사는 전란에 망할 것이며

1950년도에 6.25가 났습니다. 그때가 내가 열두살 때였습니다.

렘 13:21 너의 친구 삼았던 자를 그가 네 위에 수령으로 세우실 때에 네가 무슨 말을 하겠느냐 너의 고통에 잡힘이 구로하는 여인 같지 않겠느냐

김일성을 잠시 수령으로 세우셨습니다.

렘 13:13 너는 다시 그들에게 이르기를 여호와의 말씀에 보라 내가 이 땅의 모든 거민과 다윗의 위에 앉은 왕들과 제사장들과 선지자들과 예루살렘 모든 거민으로 잔뜩 취하게 하고

14. 또 그들로 피차 충돌하여 상하게 하되 부자간에도 그러하게 할 것이라 내가 그들을 불쌍히 여기지 아니하며 관용치 아니하며 아끼지 아니하고 멸하리라 하셨다 하라 여호와의 말이니라

15. 너희는 들을지어다, 귀를 기울일지어다, 교만하지 말지어다, 여호와께서 말씀하셨음이라

렘 25:31 요란한 소리가 땅 끝까지 이름은 여호와께서 열국과 다투시며 모든 육체를 심판하시며 악인을 칼에 붙이심을 인함이라 하라 여호와의 말이니라

32. 나 만군의 여호와가 말하노라 보라 재앙이 나서 나라에서 나라에 미칠 것이며 대풍이 땅 끝에서 일어날 것이라

33. 그 날에 나 여호와에게 살륙을 당한 자가 땅 이 끝에서 땅 저 끝에 미칠 것이나 그들이 슬퍼함을 받지 못하며 염습함을 입지 못하며 매장함을 얻지 못하고 지면에서 분토가 되리로다

렘 26:13 그런즉 너희는 너희 길과 행위를 고치고 너희 하나님 여호와의 목소리를 청종하라 그리하면 여호와께서 너희에게 선언하신 재앙에 대하여 뜻을 돌이키시리라

14. 보라 나는 너희 손에 있으니 너희 소견에 선한 대로, 옳은 대로 하려니와

15. 너희는 분명히 알아라 너희가 나를 죽이면 정녕히 무죄한 피를 너희 몸과 이 성과 이 성 거민에게로 돌아가게 하리라 이는 여호와께서 진실로 나를 보내사 이 모든 말을 너희 귀에 이르게 하셨음이니라

하나님께로 유턴하여 돌아갑시다. 인본주의가 신본주의로, 이기주의가 이타주의로 거듭나는 생활이 부활입니다.

삿 21:25 그 때에 이스라엘에 왕이 없으므로 사람이 각각 그 소견에 옳은 대로 행하였더라

단 11:27 이 두 왕이 마음에 서로 해하고자 하여 한 밥상에 앉았는 때에 거짓말을 할 것이라 일이 형통하지 못하리니 이는 작정된 기한에 미쳐서 그 일이 끝날 것임이니라

남북 회담을 했지만 이 말씀처럼 되었습니다. 그러나

요 14:6 예수께서 가라사대 내가 곧 길이요 진리요 생명이니 나로 말미암지 않고는 아버지께로 올 자가 없느니라

시편 46:9 저가 땅 끝까지 전쟁을 쉬게 하심이여 활을 꺾고 창을 끊으며 수레를 불사르시는도다
11. 만군의 여호와께서 우리와 함께 하시니 야곱의 하나님은 우리의 피난처시로다 (셀라)

현재 휴전중인 상태입니다.

신 8:14 두렵건대 네 마음이 교만하여 네 하나님 여호와를 잊어버릴까 하노라 여호와는 너를 애굽 땅 종 되었던 집에서 이끌어 내시고
18. 네 여호와 하나님을 기억하라 그가 네게 재물 얻을 능을 주셨음이라 이같이 하심은 네 열조에게 맹세하신 언약을 오늘과 같이 이루려 하심이니라

사무엘상 17:47 또 여호와의 구원하심이 칼과 창에 있지 아니함을 이 무리로 알게 하리라 전쟁은 여호와께 속한 것인즉 그가 너희를 우리 손에 넘기시리라

김정은은 무기를 가지고 대적을 하지만 한국은 만군의 여호와 하나님의 이름으로 영적 싸움을 하고 있습니다.

렘 6:23 그들은 활과 창을 잡았고 잔인하여 자비가 없으며 그 목소리는 바다가 흉용함 같은 자라 그들이 말을 타고 전사같이 다 항오를 벌이고 딸 시온 너를 치려하느니라 하시도다

요엘 1:14 너희는 금식일을 정하고 성회를 선포하여 장로들과 이 땅 모든 거민을 너희 하나님 여호와의 전으로 몰수히 모으고 여호와께 부르짖을찌어다

요엘 2:1 시온에서 나팔을 불며 나의 성산에서 호각을 불어 이 땅 거민으로 다 떨게 할지니 이는 여호와의 날이 이르게 됨이니라 이제 임박하였으니
15. 너희는 시온에서 나팔을 불어 거룩한 금식일을 정하고 성회를 선고하고
16. 백성을 모아 그 회를 거룩케 하고 장로를 모으며 소아와 젖먹는 자를 모으며 신랑을 그 방에서 나오게 하며 신부도 그 골방에서 나오게 하고
17. 여호와께 수종드는 제사장들은 낭실과 단 사이에서 울며 이르기를 여호와여 주의 백성을 긍휼히 여기소서 주의 기업으로 욕되게 하여 열국들로 그들을 관할하지 못하게 하옵소서 어찌하여 이방인으로 그들의 하나님이 어디 있느뇨 말하게 하겠나이까 할찌어다
18. 그 때에 여호와께서 자기 땅을 위하여 중심이 뜨거우시며 그 백성을 긍휼히 여기실것이라
19. 여호와께서 그들에게 응답하여 이르시기를 내가 너희에게 곡식과 새 포도주와 기름을 주리니 너희가 이로 인하여 흡족하리라 내가 다시는 너희로 열국 중에서 욕을 당하지 않게 할 것이며
20. 내가 북편 군대를 너희에게서 멀리 떠나게 하여 메마르고 적막한 땅으로 쫓아내리니 그 전군은 동해로, 그 후군은 서해로 들어갈 것이라 상한 냄새가 일어나고 악취가 오르리니 이는 큰 일을 행하였음이라 하시리라
엡 4:3 평안의 매는 줄로 성령이 하나 되게 하신 것을 힘써 지키라
4. 몸이 하나이요 성령이 하나이니 이와 같이 너희가 부르심의 한 소망 안에서 부르심을 입었느니라

5. 주도 하나이요 믿음도 하나이요 세례도 하나이요
6. 하나님도 하나이시니 곧 만유의 아버지시라 만유 위에 계시고 만유를 통일하시고 만유
가운데 계시도다

미가 4:2 곧 많은 이방이 가며 이르기를 오라 우리가 여호와의 산에 올라가서 야곱의 하
나님의 전에 이르자 그가 그 도로 우리에게 가르치실 것이니라 우리가 그 길로 행하리라
하리니 이는 율법이 시온에서부터 나올 것이요 여호와의 말씀이 예루살렘에서부터 나올
것임이라
3. 그가 많은 민족중에 심판하시며 먼 곳 강한 이방을 판결하시리니 무리가 그 칼을 쳐서
보습을 만들고 창을 쳐서 낫을 만들 것이며 이 나라와 저 나라가 다시는 칼을 들고 서로
치지 아니하며 다시는 전쟁을 연습하지 아니하고

렘 36:6 너는 들어가서 나의 구전대로 두루마리에 기록한 여호와의 말씀을 금식일에 여
호와의 집에 있는 백성의 귀에 낭독하고 유다 모든 성에서 온 자들의 귀에도 낭독하라

새벽 4시에 세계지도를 환상으로 보이고

렘 31:12 그들이 와서 시온의 높은 곳에서 찬송을 하며 여호와의 은사 곧 곡식과 새 포도
주와 기름과 어린 양의 떼와 소의 떼에 모일 것이라 그 심령은 물댄 동산 같겠고 다시는
근심이 없으리로다 할지어다
13. 그 때에 처녀는 춤추며 즐거워하겠고 청년과 노인은 함께 즐거워하리니 내가 그들의
슬픔을 돌이켜 즐겁게 하며 그들을 위로하여 근심한 후에 기쁨을 얻게 할것임이니라
14. 내가 기름으로 제사장들의 심령에 흡족케 하며 내 은혜로 내 백성에게 만족케 하리라
여호와의 말이니라
8. 보라 나는 그들을 북편 땅에서 인도하며 땅 끝에서부터 모으리니 그들 중에는 소경과
절뚝발이와 잉태한 여인과 해산하는 여인이 함께하여 큰 무리를 이루어 이 곳으로 돌아오
되
9. 울며 올것이며 그들이 나의 인도함을 입고 간구할때에 내가 그들로 넘어지지 아니하고
하숫가의 바른 길로 행하게 하리라 나는 이스라엘의 아비요 에브라임은 나의 장자니라

호세아 14:2 너는 말씀을 가지고 여호와께로 돌아와서 아뢰기를 모든 불의를 제하시고 선한 바를 받으소서 우리가 입술로 수송아지를 대신하여 주께 드리리이다

윤석열 대통령도 돌아오고 김정은도 돌아오고 한봉선도 돌아오고 세계 백성들 모두 돌아오길 원하십니다.

아모스 3:6 성읍에서 나팔을 불게 되고야 백성이 어찌 두려워하지 아니하겠으며 여호와의 시키심이 아니고야 재앙이 어찌 성읍에 임하겠느냐
7. 주 여호와께서는 자기의 비밀을 그 종 선지자들에게 보이지 아니하시고는 결코 행하심이 없으시리라

할렐루야 아멘 축복해 주시는 것 감사합니다.

예수님이 내 인생의 주인이 되어야 합니다

우리는 준비하는 사람입니다. 마리아는 예수님의 죽음을 준비했지만 우리는 예수님의 재림을 준비하는 자들입니다. 마리아의 가슴을 가지고 우리의 힘을 다하여 예수님의 오심을 기다리는 정결한 신부입니다. 그 준비는 오직 예수님의 보혈로 씻겨진 흰 옷을 준비하는 것입니다. 죄에서 떠난 이제 깨끗한 심령으로 예수님을 맞을 준비를 합니다. 우리 인생의 주인이 되신 예수님을 우리는 맞이할 것입니다.

창 19:14 롯이 나가서 그 딸들과 정혼한 사위들에게 고하여 이르되 여호와께서 이 성을 멸하실 터이니 너희는 일어나 이곳에서 떠나라 하되 그 사위들이 농담으로 여겼더라

시편 14:1 어리석은 자는 그 마음에 이르기를 하나님이 없다 하도다 저희는 부패하고 소행이 가증하여 선을 행하는 자가 없도다

하나님의 말씀만이 진리입니다. 참입니다. 그런데 우리는 때로 소설책을 읽듯이 아니 농담으로 여겨 결국 유황불에 덮여져 버린 사위처럼 되지 않도록 하나님의 말씀을 두렵고 떨리는 마음으로 늘 대해야 합니다.

사 28:1 취한 자 에브라임의 교만한 면류관이여 화 있을찐저 술에 빠진 자의 성 곧 영화로운 관 같이 기름진 골짜기에 세운 성이여 쇠진해 가는 꽃 같으니 화 있을찐저

시편 40:4 여호와를 의지하고 교만한 자와 거짓에 치우치는 자를 돌아보지 아니하는 자는 복이 있도다

눅 1:52 권세있는 자를 그 위에서 내리치셨으며 비천한 자를 높이셨고

잠언 16:18 교만은 패망의 선봉이요 거만한 마음은 넘어짐의 앞잡이니라
5. 무릇 마음이 교만한 자를 여호와께서 미워하시나니 피차 손을 잡을지라도 벌을 면치 못하리라

잠언 13:10 교만에서는 다툼만 일어날 뿐이라 권면을 듣는 자는 지혜가 있느니라

눅 8:27 육지에 내리시매 그 도시 사람으로서 귀신 들린 자 하나가 예수를 만나니 이 사람은 오래 옷을 입지 아니하며 집에 거하지도 아니하고 무덤 사이에 거하는 자라
30. 예수께서 네 이름이 무엇이냐 물으신즉 가로되 군대라 하니 이는 많은 귀신이 들렸음이라

눅 4:33 회당에 더러운 귀신 들린 사람이 있어 크게 소리 질러 가로되
34. 아 나사렛 예수여 우리가 당신과 무슨 상관이 있나이까 우리를 멸하러 왔나이까 나는 당신이 누구인줄 아노니 하나님의 거룩한 자니이다
35. 예수께서 꾸짖어 가라사대 잠잠하고 그 사람에게서 나오라 하시니 귀신이 그 사람을 무리 중에 넘어뜨리고 나오되 그 사람은 상하지 아니한지라

우리가 바로 귀신 들린 자들이 아닙니까! 도시를 걸어 다니는 귀신 들린 자, 이것은 사실입니다.

요일 3:8 죄를 짓는 자는 마귀에게 속하나니 마귀는 처음부터 범죄함이니라 하나님의 아들이 나타나신 것은 마귀의 일을 멸하려 하심이니라

특히 도시에 머문 우리는 마귀로 꽉 차 있습니다. 군대 귀신이지요. 예수님의 보혈로 씻어내야 합니다. 죄를 회개하는 것은 마귀를 쫓아내는 일입니다.

잠언 1:10 내 아들아 악한 자가 너를 꾀할지라도 좇지 말라
14. 너는 우리와 함께 제비를 뽑고 우리가 함께 전대 하나만 두자 할지라도
15. 내 아들아 그들과 함께 길에 다니지 말라 네 발을 금하여 그 길을 밟지 말라

우리가 밟지 말아야 할 길이 있습니다. 죄가 길에 펼쳐져 있습니다. 우리는 복음의 예비한 신을 신어야 합니다. 하나님의 전신갑주는 예수님의 보혈로 씻으면 성령님이 우리에게 입히십니다. 세상에 이끌리지 말아라. 여기저기 이용당하거나 이끌리지 말고 올바르게 판단하여 행동하라. 우리 예수님의 말씀입니다.

귀신 들린 자는 예수님 당시에만 있지 않습니다. 오늘도 귀신에 사로잡혀 하나님의 사람들을 대적하며 악을 쏟아내는 이들이 여전합니다. 우리가 그들을 이길 수 없습니다. 심지어 마귀는 우리 안에서도 일하고 있으니 말입니다. 우리에게 유일한 무기는 예수님의 보혈입니다. 그 보혈로 내 안에 쫓아내고 또한 사람을 묶고 있는 마귀의 사람들에게 예수님의 이름으로 저들을 물리쳐야 합니다. 예수님의 이름은 예수님의 보혈에 담겨 있습니다. 그 피가 우리에게 부어지면 우리는 소리를 지르지 않아도 우리의 걸음과 손의 일과 입의 말과 함께 떠납니다.

마 12:43 더러운 귀신이 사람에게서 나갔을 때에 물 없는 곳으로 다니며 쉬기를 구하되 얻지 못하고
44. 이에 가로되 내가 나온 내 집으로 돌아가리라 하고 와 보니 그 집이 비고 소제되고 수리되었거늘
45. 이에 가서 저보다 더 악한 귀신 일곱을 데리고 들어가서 거하니 그 사람의 나중 형편이 전보다 더욱 심하게 되느니라 이 악한 세대가 또한 이렇게 되리라

귀신으로 일하게 해서는 안 됩니다. 빈집으로 들어가는 것을 막아야 합니다. 우리 마음에 미움에 우리 이웃의 마음에 우울이 머물고 염려와 근심이 마음을 공허하게 할 때 그대로 방치하면 더 악한 일을 만나게 됩니다. 반드시 쫓아내야 합니다. 예수님의 보혈의 피로 몰아내야 합니다.

계 21:8 그러나 두려워하는 자들과 믿지 아니하는 자들과 흉악한 자들과 살인자들과 행음자들과 술객들과 우상 숭배자들과 모든 거짓말 하는 자들은 불과 유황불에 타는 못에 참예하리니 이것이 둘째 사망이라

평강이 없이 두려움에 묶여있는 것은 마귀가 찾아온 증거입니다. 반드시 쫓아내야 합니다. 믿음에서 시작되지 않은 모든 것이 다 죄입니다. 예수님의 보혈로 씻겨져 있지 않는 것은 다 마귀에게 속한 것입니다. 그대로 방치하면 둘째 사망, 곧 불과 유황불이 타는 것에 던져집니다.

계 16:13 또 내가 보매 개구리 같은 세 더러운 영이 용의 입과 짐승의 입과 거짓 선지자들의 입에서 나오니
14. 저희는 귀신의 영이라 이적을 행하여 온 천하 임금들에게 가서 하나님 곧 전능하신 이의 큰 날에 전쟁을 위하여 그들을 모으더라

막 9:38 요한이 예수께 여짜오되 선생님 우리를 따르지 않는 어떤 자가 주의 이름으로 귀신을 내어쫓는 것을 우리가 보고 우리를 따르지 아니하므로 금하였나이다

예수님 진리안에서 사는 것이 천국이다.

마 10:34 내가 세상에 화평을 주러 온 줄로 생각지 말라 화평이 아니요 검을 주러 왔노라
35. 내가 온 것은 그 아비와, 딸이 어미와, 며느리가 시어머니와, 불화하게 하려 함이니
36. 사람의 원수가 자기 집안 식구리라
38. 또 자기 십자가를 지고 나를 좇지 않는 자도 내게 합당하지 아니하리라

우리 예수님이 우리에게 검을 주셨습니다. 하나님의 말씀, 성령의 검입니다. 우리는 싸울 줄 모릅니다. 그러나 반드시 싸워야 합니다. 성령의 검으로 우리 삶을 묶고 있는 모든 악한 마귀의 일을 멸해야 합니다.

요일 5:12 아들이 있는 자에게는 생명이 있고 하나님의 아들이 없는 자에게는 생명이 없느니라

생명이 있고 없음은 오직 한가지로 결정납니다. 우리 예수님이 우리와 함께하시느냐 아니면 우리와 상관이 없느냐. 예수님을 모셔야 합니다. 예수님의 보혈로만 우리에게

머뭅니다. 죄를 회개할 때만 예수님의 보혈이 우리에게 흐릅니다. 회개는 생명을 오게 하는 통로입니다.

눅 21:34 너희는 스스로 조심하라 그렇지 않으면 방탕함과 술 취함과 생활의 염려로 마음이 둔하여지고 뜻밖에 그 날이 덫과 같이 너희에게 임하리라

부지런하여 게으르지 말고 열심을 품어 주님을 섬겨야 합니다. 예수님의 보혈을 우리 마음에서 마르게 해서는 안 됩니다. 마르지 않는 샘, 예수님의 보혈이 우리 마음에 늘 적셔져 있어야 합니다.

잠언 13:2 사람은 입의 열매로 인하여 복록을 누리거니와 마음이 궤사한 자는 강포를 당하느니라
10. 교만해서는 다툼만 일어날 뿐이라 권면을 듣는 자는 지혜가 있느니라
13. 말씀을 멸시하는 자는 패망을 이루고 계명을 두려워하는 자는 상을 얻느니라

우리는 입으로 늘 고백해야 합니다. 주는 그리스도시요 하나님의 아들입니다. 그 고백은 예수님의 보혈로 씻겨진 자들만이 담대히 외칠 수 있는 말씀입니다. 말씀이 능력입니다. 이 말씀을 무시하는 자 패망에 이릅니다. 그러나 이 말씀에 붙잡히면 모든 마귀의 궤계를 이깁니다.

고전 10:22 그러면 우리가 주를 노여워하시게 하겠느냐 우리가 주보다 강한자냐

우리의 몸은 구원의 통로입니다. 예수님이 모든 사람들을 품고 십자가에 달리셨습니다.

마음씨 · 말씨 · 맵씨 · 솜씨
진선미의 사랑을 갖자

시편 112:1 할렐루야 여호와를 경외하여 그 계명을 크게 즐거워하는 자는 복이 있도다
2. 그 후손이 땅에서 강성함이여 정직자의 후대가 복이 있으리로다
3. 부요와 재물이 그 집에 있음이여 그 의가 영원히 있으리로다

사람들은 악담과 덕담을 하는데, 덕담하면 자기에게로 복이 돌아오지만, 악담하는 사람의 장래는 불행합니다.

잠언 28:26 자기의 마음을 믿는 자는 미련한 자요 지혜롭게 행하는 자는 구원을 얻을 자니라

시 40:11 여호와여 주의 긍휼을 내게 그치지 마시고 주의 인자와 진리로 나를 항상 보호하소서

잠언 10:27 여호와를 경외하면 장수하느니라 그러나 악인의 년세는 짧아지느니라

시편 84:5 주께 힘을 얻고 그 마음에 시온의 대로가 있는 자는 복이 있나이다
11. 여호와 하나님은 해요 방패시라 여호와께서 은혜와 영화를 주시며 정직히 행하는 자에게 좋은 것을 아끼지 아니하실 것임이니이다

눅 1:78 이는 우리 하나님의 긍휼을 인함이라 이로써 돋는 해가 위로부터 우리에게 임하여

벧전 3:10 그러므로 생명을 사랑하고 좋은 날 보기를 원하는 자는 혀를 금하여 악한 말

을 그치며 그 입술로 궤휼을 말하지 말고
11. 악에서 떠나 선을 행하고 화평을 구하여 이를 좇으라
21. 물은 예수 그리스도의 부활하심으로 말미암아 이제 너희를 구원하는 표니 곧 세례라
육체의 더러운 것을 제하여 버림이 아니요 오직 선한 양심이 하나님을 향하여 찾아가는
것이라
16. 선한 양심을 가지라 이는 그리스도 안에 있는 너희의 선행을 욕하는 자들로 그 비방
하는 일에 부끄러움을 당하게 하려 함이라

선한 양심

잠 18:20 사람은 입에서 나오는 열매로 하여 배가 부르게 되나니 곧 그 입술에서 나는 것으로 하여 만족하게 되느니라
21. 죽고 사는 것이 혀의 권세에 달렸나니 혀를 쓰기 좋아하는 자는 그 열매를 먹으리라

약 3:3 우리가 말을 순종케 하려고 그 입에 재갈먹여 온 몸을 어거하며

마 5:1 예수께서 무리를 보시고 산에 올라가 앉으시니 제자들이 나아온지라
8. 마음이 청결한 자는 복이 있나니 저희가 하나님을 볼 것임이요
9. 화평케 하는 자는 복이 있나니 저희가 하나님의 아들이라 일컬음을 받을 것임이요

마음 속에 근심 있는 사람은 마음에 하나님의 말씀을 받아 하나님의 영광 목적은 내 심령에 천국을 이루는 것입니다.

말 4:2 내 이름을 경외하는 너희에게는 의로운 해가 떠올라서 치료하는 광선을 발하리니 너희가 나가서 외양간에서 나온 송아지 같이 뛰리라

덕스러운 말을 해서 복을 받읍시다.

산성 피를 알칼리성 피로 변화시키자

레 17:11 육체의 생명은 피에 있음이라 내가 이 피를 너희에게 주어 단에 뿌려 너희의 생명을 위하여 속하게 하였나니 생명이 피에 있으므로 피가 죄를 속하느니라

우리 몸에 흐르는 피가 좋아야만 하는데 그러기 위해서는 산성 피가 되어서는 안된다는 것입니다. 그래서 이 산성 피를 알칼리성 피로 만들기 위해서는 하나님께서 하라는 대로 해야 합니다. 그러므로 하나님의 말씀대로 하려면

히 9:12 염소와 송아지의 피로 아니하고 오직 자기 피로 영원한 속죄를 이루사 단번에 성소에 들어가셨느니라
27. 한번 죽는 것은 사람에게 정하신 것이요 그 후에는 심판이 있으리니

고전 15:4 장사 지낸 바 되었다가 성경대로 사흘 만에 다시 살아나사

고전 7:23 너희는 값으로 사신 것이니 사람들의 종이 되지 말라
24. 형제들아 너희는 각각 부르심을 받은 그대로 하나님과 함께 거하라

요 6:53 예수께서 이르시되 내가 진실로 진실로 너희에게 이르노니 인자의 살을 먹지 아니하고 인자의 피를 마시지 아니하면 너희 속에 생명이 없느니라

잠언 15:17 여간 채소를 먹으며 서로 사랑하는 것이 살진 소를 먹으며 서로 미워하는 것보다 나으니라

행 15:20 다만 우상의 더러운 것과 음행과 목매어 죽인 것과 피를 멀리하라고 편지하는

것이 기하니

29. 우상의 제물과 피와 목매어 죽인 것과 음행을 멀리할지니라 이에 스스로 삼가면 잘되리라 평안함을 원하노라 하였더라

병원에 가면 피검사부터 먼저 하지 않습니까.
건강하고 행복하시길 바랍니다. 축복합니다.

때에 따라 단비를 주시는 하나님

약 5:17 엘리야는 우리와 성정이 같은 사람이로되 저가 비오지 않기를 간절히 기도한즉 삼년 육개월동안 땅에 비가 아니오고

기도를 통해서 하늘의 자원을 허락하시는 우리 하나님! 하늘의 가장 큰 자원인 영생의 은혜를 우리에게 허락하심을 감사드립니다. 우리의 일용할 양식 역시 하나님이 공급하시니 우리는 늘 감사할 뿐입니다.

암 4:7 또 추수하기 석달 전에 내가 너희에게 비를 멈추어 어떤 성읍에는 내리고 어떤 성읍에는 내리지 않게 하였더니 땅 한부분은 비를 얻고 한부분은 비를 얻지 못하여 말랐으매

땅에 모든 것이 하나님의 손에 달려있음을 우리는 압니다. 세상을 의지하지 않고 하나님의 손을 늘 바라며 늘 하나님의 얼굴을 구하는 우리가 늘 되었으면 좋겠습니다. 우리의 일상이 늘 하나님의 손을 구하기를...

왕상 8:35 만일 저희가 주께 범죄함을 인하여 하늘이 닫히고 비가 없어서 주의 벌을 받을 때에 이곳을 향하여 빌며 주의 이름을 인정하고 그 죄에서 떠나거든
38. 한 사람이나 혹 주의 온 백성 이스라엘이 다 각각 자기의 마음에 재앙을 깨닫고 이 전을 향하여 손을 펴고 무슨 기도나 무슨 간구를 하거든
60. 이에 세상 만민에게 여호와께서만 하나님이시고 그 외에는 없는 줄을 알게 하시기를 원하노라

하늘이 닫히는 것에는 이유가 있습니다. 우리가 범죄할 때, 하늘의 문은 이내 닫힙니다. 그러나 그 하늘의 문을 여는 것은 회개입니다. 예수님의 보혈이 흐르는 곳에는 하늘

이 닫히는 법이 없습니다. 영원히 말입니다.

렘 5:24 또 너희 마음으로 우리에게 이른 비와 늦은 비를 때를 따라 주시며 우리를 위하여 추수 기한을 정하시는 우리 하나님 여호와를 경외하자 말하지도 아니하니
25. 너희 허물이 이러한 일들을 물리쳤고 너희 죄가 너희에게 오는 좋은 것을 막았느니라

이른 비와 늦은 비의 은혜가 우리에게 있습니다. 그러나 우리의 허물과 죄가 그것을 가로막고 물리칩니다. 그러나 그것을 뚫어내는 것 회개함으로 예수님의 피가 우리를 적시면 은혜의 비는 멈춤이 없습니다.

왕상 18:22 엘리야가 백성에게 이르되 여호와의 선지자는 나만 홀로 남았으나 바알의 선지자는 사백 오십인이로다
30. 엘리야가 모든 백성을 향하여 이르되 내게로 가까이 오라 백성이 다 저에게 가까이 오매 저가 무너진 여호와의 단을 수축하되
40. 엘리야가 저희에게 이르되 바알의 선지자를 잡되 하나도 도망하지 못하게 하라 하매 곧 잡은지라 엘리야가 저희를 기손 시내로 내려다가 거기서 죽이니라
41. 엘리야가 아합에게 이르되 올라가서 먹고 마시소서 큰 비의 소리가 있나이다
42. 아합이 먹고 마시러 올라가니라 엘리야가 갈멜산 꼭대기로 올라가서 땅에 꿇어 엎드려 그 얼굴을 무릎사이에 넣고

엘리야의 하나님은 이방의 신 450명을 물리치고도 남음이 있습니다. 어떤 시련이 와도 넉넉히 이길 힘이 우리 하나님께 있습니다. 우리의 일상에서 역시 만나는 여러 가지 어려움이 많으나 우리를 위해 몸까지 찢으신 예수님이 계시니 우리는 반드시 이길 것입니다.

슥 14:17 천하 만국 중에 그 왕 만군의 여호와께 숭배하러 예루살렘에 올라 오지 아니하는 자에게는 비를 내리지 아니할 것인즉

시편 32:6 이로 인하여 무릇 경건한 자는 주를 만날 기회를 타서 주께 기도할찌라 진실로

홍수가 범람할찌라도 저에게 미치지 못하리이다

시편 29:10 여호와께서 홍수 때에 좌정하였음이여 여호와께서 영영토록 왕으로 좌정하시도다

홍수가 범람해도 하나님이 우리의 왕으로 좌정해 계시니 우리는 낙심하지 않습니다. 십자가의 사랑으로 늘 이끄시기에 우리는 평안합니다.

막 4:37 큰 광풍이 일어나며 물결이 부딪혀 배에 들어와 배에 가득하게 되었더라

제주도에 참깨가 하얗게 벌어지는 시기에 한밤중에 태풍이 온다는 뉴스에 무사히 태풍이 지나갈수 있도록 기도를 드리는데, 무사히 태풍이 지나갔습니다. 중국에 선교갈 때도 배안에서 태풍을 만나 배가 심하게 흔들려 탁자에 있던 물건들도 흔들려 기도를 드리는데, 무사히 태풍이 지나갔습니다.

마 7:7 구하라 그러면 너희에게 주실 것이요 찾으라 그러면 찾을 것이요 문을 두드리라 그러면 너희에게 열릴 것이니
9. 너희 중에 누가 아들이 떡을 달라 하면 돌을 주며

삼상 12:17 오늘은 밀 베는 때가 아니냐 내가 여호와께 아뢰리니 여호와께서 우뢰와 비를 보내사 너희가 왕을 구한 일 곧 여호와의 목전에 범한 죄악이 큼을 너희로 밝히 알게 하시리라

요엘 1:3 너희는 이 일을 너희 자녀에게 고하고 너희 자녀는 자기 자녀에게 고하고 그 자녀는 후시대에 고할 것이니라
11. 농부들아 너희는 부끄러워할찌어다 포도원을 다스리는 자들아 곡할찌어다 이는 밀과 보리의 연고라 밭의 소산이 다 없어졌음이로다
14. 너희는 금식일을 정하고 성회를 선포하여 장로들과 이 땅 모든 거민을 너희 하나님 여호와의 전으로 몰수히 모으고 여호와께 부르짖을찌어다

호박이 병들고 대추나무가 배추가 병들고, 조선소나무가 죽는 것을 보이는데,

문제를 풀어내는 열쇠, 흉악의 결박을 끊고 멍에의 줄을 끊어내는 힘이 금식기도에 있습니다. 그러나 이보다 더 강력한 역사는 예수님의 이름으로 올리는 기도에 있습니다. 예수님의 이름은 생명을 담아 놓은 이름입니다. 예수님의 피값으로 세우는 언약입니다. 그 이름이 모든 문제의 열쇠입니다.

요엘 1:7 그들이 내 포도나무를 멸하며 내 무화과나무를 긁어 말갛게 벗겨서 버리니 그 모든 가지가 하얗게 되었도다
13. 제사장들아 너희는 굵은 베로 동이고 슬피 울찌어다 단에 수종드는 자들아 너희는 곡할찌어다 내 하나님께 수종드는 자들아 너희는 와서 굵은 베를 입고 밤이 맞도록 누울찌어다 이는 소제와 전제를 너희 하나님의 전에 드리지 못함이로다

삿 2:10 그 세대 사람도 다 그 열조에게로 돌아갔고 그 후에 일어난 다른 세대는 여호와를 알지 못하며 여호와께서 이스라엘을 위하여 행하신 일도 알지 못하였더라

다음 세대가 다른 세대가 되지 않도록 우리를 붙드는 믿음은 예수님의 보혈에 늘 적셔 있을 때 다음 세대 역시 복음의 세대가 될 것입니다. 우리 세대가 예수님의 피에 적셔있도록 회개가 그치지 않아야 합니다.

시편 37:5 너의 길을 여호와께 맡기라 저를 의지하면 저가 이루시고
7. 여호와 앞에 잠잠하고 참아 기다리라 자기 길이 형통하며 악한 꾀를 이루는 자를 인하여 불평하여 말찌어다
19. 저희는 환난 때에 부끄럽지 아니하며 기근의 날에도 풍족하려니와

길이신 예수님께 우리 자신의 걸음을 맡기는 것이 가장 복된 걸음입니다. 현재의 걸음이 고난의 행군처럼 힘들지라도 예수님의 보혈을 의지하고 가는 삶은 가중 풍족한 것으로 채우시는 하나님의 은혜가 있습니다.

창 6:5 여호와께서 사람의 죄악이 세상에 관영함과 그 마음의 생각의 모든 계획이 항상

악할 뿐임을 보시고
8. 그러나 노아는 여호와께 은혜를 입었더라
14. 너는 잣나무로 너를 위하여 방주를 짓되 그 안에 간들을 막고 역청으로 그 안팎에 칠하라

눅 17:30 인자의 나타나는 날에도 이러하리라
32. 롯의 처를 생각하라

눅 18:8 내가 너희에게 이르노니 속히 그 원한을 풀어 주시리라 그러나 인자가 올 때에 세상에서 믿음을 보겠느냐 하시니라

민 21:9 모세가 놋뱀을 만들어 장대 위에 다니 뱀에게 물린 자마다 놋뱀을 쳐다본즉 살더라

요 3:14 모세가 광야에서 뱀을 든것 같이 인자도 들려야 하리니
15. 이는 저를 믿는 자마다 영생을 얻게 하려 하심이니라
16. 하나님이 세상을 이처럼 사랑하사 독생자를 주셨으니 이는 저를 믿는 자마다 멸망치 않고 영생을 얻게 하려 하심이니라
18. 저를 믿는 자는 심판을 받지 아니하는 것이요 믿지 아니하는 자는 하나님의 독생자의 이름을 믿지 아니하므로 벌써 심판을 받은 것이니라

말씀을 농담으로 여기지 말라

창 19:14 롯이 나가서 그 딸들과 정혼한 사위들에게 고하여 이르되 여호와께서 이 성을 멸하실터이니 너희는 일어나 이곳에서 떠나라 하되 그 사위들이 농담으로 여겼더라

호 4:6 내 백성이 지식이 없으므로 망하는 도다 네가 지식을 버렸으니 나도 너를 버려 내 제사장이 되지 못하게 할 것이요 네가 네 하나님의 율법을 잊었으니 나도 네 자녀들을 잊어버리리라

암 8:11 주 여호와께서 가라사대 보라 날이 이를찌라 내가 기근을 땅에 보내리니 양식이 없어 주림이 아니며 물이 없어 갈함이 아니요 여호와의 말씀을 듣지 못한 기갈이라

눅 10:30 예수께서 대답하여 가라사대 어떤 사람이 예루살렘에서 여리고로 내려가다가 강도를 만나매 강도들이 그 옷을 벗기고 때려 거반 죽은 것을 버리고 갔더라

눅 22:31 시몬아 시몬아 보라 사단이 밀 까부르듯 하려고 너희를 청구 하였으나

집안이 뒤집어진다

시편 50:22 하나님을 잊어버린 너희여 이제 이를 생각하라 그렇지 않으면 내가 너희를 찢으리니 건질 자 없으리라

호 13:16 사마리아가 그 하나님을 배반하였으므로 형벌을 당하여 칼에 엎드러질 것이요 그 어린아이는 부숴뜨리우며 그 아이 밴 여인은 배가 갈리우리라

눅 13:11 십팔년동안을 귀신들려 앓으며 꼬부라져 조금도 펴지 못하는 한 여자가 있더라

행 14:8 루스드라에 발을 쓰지 못하는 한 사람이 있어 앉았는데 나면서 앉은뱅이 되어 걸어 본 적이 없는 자라
10. 큰 소리로 가로되 네 발로 바로 일어서라 하니 그 사람이 뛰어 걷는지라

행 3:6 베드로가 가로되 은과 금은 내게 없거니와 내게 있는 것으로 네게 주노니 곧 나사렛 예수 그리스도의 이름으로 걸으라 하고
7. 오른손을 잡아 일으키니 발과 발목이 곧 힘을 얻고
8. 뛰어 서서 걸으며 그들과 함께 성전으로 들어 가면서 걷기도 하고 뛰기도 하며 하나님을 찬미하니
9. 모든 백성이 그 걷는 것과 및 하나님을 찬미함을 보고
19. 그러므로 너희가 회개하고 돌이켜 너희 죄없이 함을 받으라 이같이 하면 유쾌하게 되는 날이 주 앞으로부터 이를 것이요
26. 하나님이 그 종을 세워 복 주시려고 너희에게 먼저 보내사 너희로 하여금 돌이켜 각각 그 악함을 버리게 하셨느니라

경직세포

마 7:7 구하라 그러면 너희에게 주실 것이요 찾으라 그러면 찾을 것이요 문을 두드리라 그러면 너희에게 열릴 것이니
8. 구하는 이마다 얻을 것이요 찾는 이가 찾을 것이요 두드리는 이에게 열릴 것이니라
9. 너희 중에 누가 아들이 떡을 달라 하면 돌을 주며
10. 생선을 달라 하면 뱀을 줄 사람이 있겠느냐
11. 너희가 악한 자라도 좋은 것으로 자식에게 줄줄 알거든 하물며 하늘에 계신 너희 아버지께서 구하는 자에게 좋은 것으로 주시지 않겠느냐

겔 37:1 여호와께서 권능으로 내게 임하시고 그 신으로 나를 데리고 가서 골짜기 가운데 두셨는데 거기 뼈가 가득하더라
11. 또 내게 이르시되 인자야 이 뼈들은 이스라엘 온 족속이라 그들이 이르기를 우리의 뼈들이 말랐고 우리의 소망이 없어졌으니 우리는 다 멸절되었다 하느니라

겔 36:26 또 새 영을 너희 속에 두고 새 마음을 너희에게 주되 너희 육신에서 굳은 마음을 제하고 부드러운 마음을 줄 것이며

27. 또 내 신을 너희 속에 두어 너희로 내 율례를 행하게 하리니 너희가 내 규례를 지켜 행할찌라

35. 사람이 이르기를 이 땅이 황무하더니 이제는 에덴동산같이 되었고 황량하고 적막하고 무너진 성읍들에 성벽과 거민이 있다 하리니

출 16:15 이스라엘 자손이 보고 그것이 무엇인지 알지 못하여 서로 이르되 이것이 무엇이냐 하니 모세가 그들에게 이르되 이는 여호와께서 너희에게 주어 먹게 하신 양식이라

욥 23:10 나의 가는 길을 오직 그가 아시나니 그가 나를 단련하신 후에는 내가 정금같이 나오리라

벧전 4:12 사랑하는 자들아 너희를 시련하려고 오는 불시험을 이상한 일 당하는 것 같이 이상히 여기지 말고

욥 42:10 욥이 그 벗들을 위하여 빌매 여호와께서 욥의 곤경을 돌이키시고 욥에게 그전 소유보다 갑절이나 주신지라

이사야 48:10 보라 내가 너희를 연단하였으나 은처럼 하지 아니하고 너를 고난의 풀무에서 택하였노라

불같은 연단을 해서 불 속에서 너를 건지신다

고전 9:22 약한 자들에게는 내가 약한 자와 같이 된 것은 약한 자들을 얻고자 함이요 여러 사람에게 내가 여러 모양이 된 것은 아무쪼록 몇몇 사람들을 구원코자 함이니

겔 24:15 여호와의 말씀이 또 내게 임하여 가라사대

네 자녀, 가정, 희생한 것을 전해라

눅 17:25 그러나 그가 먼저 많은 고난을 받으며 이 세대에게 버린바 되어야 할찌니라

많은 고난을 받으며 이 시대에 버린 바 되어야 한다.
(긍휼히 여길 사람이 없다.)

호 6:1 오라 우리가 여호와께로 돌아가자 여호와께서 우리를 찢으셨으나 도로 낫게 하실 것이요 우리를 치셨으나 싸매어 주실 것임이라
3. 그러므로 우리가 여호와를 알자 힘써 여호와를 알자 그의 나오심은 새벽 빛같이 일정하니 비와 같이, 땅을 적시는 늦은 비와 같이 우리에게 임하시리라 하리라
6. 나는 인애를 원하고 제사를 원치 아니하며 번제보다 하나님을 아는 것을 원하노라

나의 등 뒤에서 나를 도우시는 주
나의 인생길에서 지치고 곤하여
매일 처럼 주저앉고 싶을 때
나를 밀어주시네

어린양 혼인잔치 신부단장

고후 11:2 내가 하나님의 열심으로 너희를 위하여 열심 내노니 내가 너희를 정결한 처녀로 한 남편인 그리스도께 드리려고 중매함이로다
4. 만일 누가 가서 우리의 전파하지 아니한 다른 예수를 전파하거나 혹 너희의 받지 아니한 다른 영을 받게 하거나 혹 너희의 받지 아니한 다른 복음을 받게 할 때에는 너희가 잘 용납하는구나

눅 13:29 사람들이 동서남북으로부터 와서 하나님의 나라 잔치에 참석하리니

하나님 나라는 잔치하는 나라입니다. 찬송이 끊이지 않고 기쁨과 감사와 감격이 영원한 나라, 그 나라에서 누리는 잔치입니다. 가장 큰 잔치는 우리 신랑되신 예수님과 정결한 신부 바로 우리 성도들과 함께하는 시간일 것입니다. 그 잔치 날을 손꼽아 기다리며 우리는 신부 단장할 것입니다. 예수님의 보혈의 피로 우리의 추악한 죄를 쓴 뿌리를 완전히 잘라내 버릴 것입니다. 땅에서 우리가 하는 일은 죄를 씻어내는 일입니다.

계 19:7 우리가 즐거워하고 크게 기뻐하여 그에게 영광을 돌리세 어린 양의 혼인 기약이 이르렀고 그 아내가 예비하였으니
8. 그에게 허락하사 빛나고 깨끗한 세마포를 입게 하셨은즉 이 세마포는 성도들의 옳은 행실이로다 하더라

옳은 행실은 자연스럽게 맺는 열매입니다. 우리가 예수님의 보혈로 씻겨지면 성령님이 오셔서 성령의 풍성한 열매를 맺게 하십니다. 옳은 행실로 천국시민의 삶을 이땅에서도 살아내는 것입니다.

계 21:1 또 내가 새 하늘과 새 땅을 보니 처음 하늘과 처음 땅이 없어졌고 바다도 다시

있지 않더라
2. 또 내가 보매 거룩한 성 새 예루살렘이 하나님께로부터 하늘에서 내려오니 그 예비한 것이 신부가 남편을 위하여 단장한 것 같더라

결혼식이 있는 날이면 신부와 신랑뿐만 아니라 모든 하객들도 축하의 마음이, 축복하는 말을 아끼지 않습니다. 예복을 잘 차려입고 그날을 날짜에 동그라미 쳐서 준비할 것입니다. 하물며 하늘의 혼인예식이 있는 날에 있을 일을 위해서 우리는 더 깨끗한 옷으로 준비할 것입니다. 보혈로 씻겨진 흰 옷으로 그날을 기대하며 기다릴 것입니다.

계 21:5 보좌에 앉으신 이가 가라사대 보라 내가 만물을 새롭게 하노라 하시고 또 가라사대 이 말은 신실하고 참되니 기록하라 하시고
9. 일곱 대접을 가지고 마지막 일곱 재앙을 담은 일곱 천사중 하나가 나아와서 내게 말하여 가로되 이리 오라 내가 신부 곧 어린 양의 아내를 네게 보이리라 하고
10. 성령으로 나를 데리고 크고 높은 산으로 올라가 하나님께로부터 하늘에서 내려오는 거룩한 성 예루살렘을 보이니

혼인예식이 진행되면 모든 더러운 것들은 다 처분하게 됩니다. 모든 재앙은 다 쓸어버릴 것입니다. 그리고 거룩한 성이 하늘에서 내려올 것입니다. 우리에게는 가장 기쁜 날, 혼인 잔치에 참여치 못하는 지옥의 형벌에 들어가는 이에게는 가장 슬픈 날이 될 것입니다.

마 22:1 예수께서 다시 비유로 대답하여 가라사대
8. 이에 종들에게 이르되 혼인 잔치는 예비되었으나 청한 사람들은 합당치 아니하니
12. 가로되 친구여 어찌하여 예복을 입지 않고 여기 들어왔느냐 하니 저가 유구무언이어늘

결혼 잔치에 작업복을 입고 오는 것은 예의가 아닙니다. 하물며 하늘에서 있게 될 우주 역사상 가장 즐겁고 기쁜 이날, 하늘의 혼인잔치에는 더욱 더 좋은 옷을 입고 참여해야지요! 땅에서 우리는 그날에 입을 드레스를 환하고 빛나게 깨끗하게 잘 준비해야 합

니다.

마 25:1 그 때에 천국은 마치 등을 들고 신랑을 맞으러 나간 열 처녀와 같다 하리니
5. 신랑이 더디 오므로 다 졸며 잘새
9. 슬기 있는 자들이 대답하여 가로되 우리와 너희의 쓰기에 다 부족할까 하노니 차라리 파는 자들에게 가서 너희 쓸 것을 사라 하니
13. 그런즉 깨어 있으라 너희는 그 날과 그 시를 알지 못하느니라

지금은 깨어 기도할 때입니다. 만물의 마지막이 가까운 이때, 우리는 근신하여 기도해야 합니다. 신랑을 맞이할 준비를 잘해야 합니다. 예수님이 우리를 바로 알아보실 수 있도록 우리는 예수님의 보혈의 피로 적셔져 있어야 합니다.

호 2:19 내가 네게 장가들어 영원히 살되 의와 공변됨과 은총과 긍휼히 여김으로 네게 장가들며

그날에는 불의가 만지지 못합니다. 추악이 덮치지 못합니다. 거짓이 판치지 못합니다. 의와 진리가 공평이 거리를 메울 것입니다. 은총이 빛을 발하게 될 것입니다.

사 25:6 만군의 여호와께서 이 산에서 만민을 위하여 기름진 것과 오래 저장하였던 포도주로 연회를 베푸시리니 곧 골수가 가득한 기름진 것과 오래 저장하였던 맑은 포도주로 하실 것이며
7. 또 이 산에서 모든 민족의 그 가리워진 면박과 열방의 그 덮인 휘장을 제하시며
8. 사망을 영원히 멸하실 것이라 주 여호와께서 모든 얼굴에서 눈물을 씻기시며 그 백성의 수치를 온 천하에서 제하시리라 여호와께서 이같이 말씀하셨느니라
9. 그날에 말하기를 이는 우리의 하나님이시라 우리가 그를 기다렸으니 그가 우리를 구원하시리로다 이는 여호와시라 우리가 그를 기다렸으니 우리는 그 구원을 기뻐하며 즐거워하리라 할 것이며

생일날이 기쁜 날이고 소풍가는 날이 너무 좋은 날, 기억에서 지워지지 않는 결혼식 날에 그 아름다운 추억, 우리에게 가장 큰 축제의 날은 하늘의 혼인잔치 그것도 우리가 주인공이 될 신부로 만나는 날!

계 7:9 이 일 후에 내가 보니 각 나라와 족속과 백성과 방언에서 아무라도 능히 셀 수 없는 큰 무리가 흰옷을 입고 손에 종려 가지를 들고 보좌 앞과 어린 양 앞에 서서
17. 이는 보좌 가운데 계신 어린 양이 저희의 목자가 되사 생명수 샘으로 인도하시고 하나님께서 저희 눈에서 모든 눈물을 씻어주실 것임이러라

여의도 광장에서 펼쳐진 전국에서 몰려든 50년 전의 엑스폴로 74의 기억은 천국의 잔치였습니다. 제주도에서부터 전국에서 몰려온 복음에 사로잡혔던 자들의 축복, 와 천국에서 펼쳐질 날의 축제는 이 땅에서의 어떤 축제와도 비교할 수 없는 가장 완전하고 완벽한 축제가 펼쳐질 것입니다. 그날이 너무 기대됩니다.

렘 3:14 나 여호와가 말하노라 배역한 자식들아 돌아오라 나는 너희 남편임이니라 내가 너희를 성읍에서 하나와 족속 중에서 둘을 택하여 시온으로 데려오겠고

이런 은총이 어디있습니까!! 배역한 자식, 패역한 종자들 그러나 우리를 다시 불러 주시니 얼마나 감사한 일입니까!! 예수님의 보혈로 씻겨 다시 정결한 신부로 우리를 세우시니 부끄럽지만 이 은혜의 감격을 어디에 비교할 수 있겠습니까!!

어느 교회 사모님 유방암

어느 사모님께서 법대에다 신학대학을 나오셨고 또 세계 선교사요, 목사 사모까지 되었는데 유방암으로 한쪽 유방을 들어내고 손가락 같이 멀리서 계속 토해내어 아주 힘들어했습니다. 저는 꼭 기도해주고 싶어서가 아니라 그냥 그 교회에 가고 싶어서 들렀는데 그 분들이 이왕 왔으니까 예배를 드려 달라했습니다. 그 사모님과 친정어머니하고 예배를 드리는데 하나님이 제게 물으시는 것이였습니다. "네가 저 이를 진정으로 사랑하느냐?" 저는 "사랑한다기보다 아프다니까 병문안 온 거죠"라고 대답하는데 "네가 저이를 사랑한다면 말씀을 전해주어라 하셨다." 다음날도 문병 가는데 오늘은 무엇을 전할까요? 하니 '교만하다'고 전해 주라 하셨습니다.

골 3:5 그러므로 땅에 있는 지체를 죽이라 곧 음란과 부정과 사욕과 악한 정욕과 탐심이니 탐심은 우상 숭배니라
6. 이것들을 인하여 하나님의 진노라 임하느니라

눅 12:15 저희에게 이르시되 삼가 모든 탐심을 물리치라 사람의 생명이 그 소유의 넉넉한데 있지 아니하니라 하시고

시 40:4 여호와를 의지하고 교만한 자와 거짓에 치우치는 자를 돌아보지 아니하는 자는 복이 있도다

렘 13:9 나 여호와가 말하노라 내가 유다의 교만과 예루살렘의 큰 교만을 이같이 썩게 하리라

잠 16:18 교만은 패망의 선봉이요 거만한 마음은 넘어짐의 앞잡이니라

눅 1:51 그의 팔로 힘을 보이사 마음의 생각이 교만한 자를 흩으셨고

시 7:12 사람이 회개치 아니하면 저가 그 칼을 갈으심이여 그 활을 이미 당기어 예비하셨도다

행 3:19 그러므로 너희가 회개하고 돌이켜 너희 죄없이 함을 받으라 이같이 하면 유쾌하게 되는 날이 주 앞으로부터 이를 것이요

회개하고 돌이키면 새롭게 되는 날이 이른다. 하나님께 사모님이 유방암이 걸린 이유가 무엇인지 여쭤보니 유방 사이에 음행이 있다고 하신다 그 사모님과 친정어머니께서 요단강을 건너시는데 머리에 보따리를 얹었고 (죗보따리) 남편 이름을 자꾸 부르는데 그 남편은 영적으로는 자기 남편이 아니었다.

호 2:2 너희 어미와 쟁론하고 쟁론하라 저는 내 아내가 아니요 나는 저의 남편이 아니라 저로 그 얼굴에서 음란을 제하게 하고 그 유방사이에서 음행을 제하게 하라

골 3:5 그러므로 땅에 있는 지체를 죽이라 곧 음란과 부정과 사욕과 악한 정욕과 탐심이니 탐심은 우상숭배니라

탐욕, 정욕을 회개하기를 권하자 현명하신 분이라 말의 뜻을 이해하시고 회개를 하셨습니다. 손가락처럼 말랐던 분께서 밥을 드시고 혈색이 돌아오시면서 좋아지기 시작하는데 친정어머님께 병원 가서 피 주사를 맞혀서 빨리 낫게 해야 한다며 피 주사를 맞으러 가는데 성령께서 이번엔 '친정어머니 보고 푼수라고 그래라' 하시는 것이였습니다.

렘 5:12 그들이 여호와를 인정치 아니하며 말하기를 여호와는 계신 것이 아닌즉 재앙이 우리에게 임하지 않을 것이요 우리가 칼과 기근을 보지 아니할 것이며

그 분이 하나님을 인정하지 않으셔서 푼수라 하셨지만 저는 그 말을 전하지 않았습니다.

계 2:21 또 내가 그에게 회개할 기회를 주셨으되 그 음행을 회개하고자 하지 아니하는도다

말씀처럼 온전한 회개를 못하고 하나님을 의지하지 않고 피 주사 맞자마자 얼굴이 푸르뎅뎅하게 부었고 얼마 뒤 돌아가셨습니다.

고전 5:5 이런 자를 사단에게 내오주었으니 이는 육신은 멸하고 영은 주 예수의 날에 구원 얻게 하려 함이라

행 14:22 제자들의 마음을 굳게 하여 이 믿음에 거하라 권하고 또 우리가 하나님 나라에 들어가려면 많은 환난을 겪어야 할 것이라 하고

마 24:13 그러나 끝까지 견디는 자는 구원을 얻으리라

단 12:10 많은 사람이 연단을 받아 스스로 정결케 하며 희게할 것이나 악한 사람은 악을 행하리니 악한 자는 아무도 깨닫지 못하되 오직 지혜있는 자는 깨달으리라
12. 기다려서 일천삼백삼십오일까지 이르는 그 사람은 복이 있으리라

롬 14:8 우리가 살아도 주를 위하여 살고 죽어도 주를 위하여 죽나니 그러므로 사나 죽으나 우리가 주의 것이로다

사 48:17 너희의 구속자시요 이스라엘의 거룩하신 자이신 여호와께서 가라사대 나는 네게 유익하도록 가르치고 너를 마땅히 행할 길로 인도하는 너희 하나님 여호와라
18. 슬프다 네가 나의 명령을 듣지 아니하였도다 만일 들었더면 네 평강이 강과 같았겠고 내 의가 바다 물결 같았을 것이며

하나님의 경륜과 섭리는 사랑과 순종이다

사랑은 상대성 원리이다. 상대를 사랑하는 것이 자기를 사랑하는 것이다. 자기 자신을 사랑해야 남을 사랑할 수 있다. 하나님의 법도를 지키고 예의를 지키는 것이 자기를 사랑하는 것이다.

잠 8:17 나를 사랑하는 자들아 나의 사랑을 입으며 나를 간절히 찾는 자가 나를 만날 것이니라

막 12:30 네 마음을 다하고 목숨을 다하고 뜻을 다하고 힘을 다하여 주 너의 하나님을 사랑하라 하신 것이요

요한1서 4:14 아버지가 아들을 세상의 구주로 보내신 것을 우리가 보았고 또 증거하노니
15. 누구든지 예수를 하나님의 아들이라 시인하면 하나님이 저 안에 거하시고 저도 하나님 안에 거하느니라
16. 하나님이 우리를 사랑하시는 사랑을 우리가 알고 믿었노니 하나님은 사랑이시라 사랑 안에 거하는 자는 하나님 안에 거하고 하나님도 그 안에 거하시느니라
17. 이로써 사랑이 우리에게 온전히 이룬 것은 우리로 심판 날에 담대함을 가지게 하려 함이니 주의 어떠하심과 같이 우리도 세상에서 그러하니라
18. 사랑 안에 두려움이 없고 온전한 사랑이 두려움을 내어 쫓나니 두려움에는 형벌이 있음이라 두려워하는 자는 사랑 안에서 온전히 이루지 못하였느니라
19. 우리가 사랑함은 그가 먼저 우리를 사랑하셨음이라
20. 누구든지 하나님을 사랑하노라 하고 그 형제를 미워하면 이는 거짓말하는 자니 보는 바 그 형제를 사랑치 아니하는 자가 보지 못하는바 하나님을 사랑할 수 없느니라
21. 우리가 이 계명을 주께 받았나니 하나님을 사랑하는 자는 또한 그 형제를 사랑할지니라

요한1서 3:13 형제들아 세상이 너희를 미워하거든 이상히 여기지 말라
14. 우리가 형제를 사랑함으로 사망에서 옮겨 생명으로 들어간 줄을 알거니와 사랑치 아니하는 자는 사망에 거하느니라
15. 그 형제를 미워하는 자마다 살인하는 자니 살인하는 자마다 영생이 그 속에 거하지 아니하는 것을 너희가 아는 바라
16. 그가 우리를 위하여 목숨을 버리셨으니 우리가 이로써 사랑을 알고 우리도 형제들을 위하여 목숨을 버리는 것이 마땅하니라

고전 13:1 내가 사람의 방언과 천사의 말을 할지라도 사랑이 없으면 소리나는 구리와 울리는 꽹과리가 되고
7. 모든 것을 참으며 모든 것을 믿으며 모든 것을 바라며 모든 것을 견디느니라
13. 그런즉 믿음, 소망, 사랑 이 세가지는 항상 있을 것인데 그중에 제일은 사랑이라

요 15:6 사람이 내 안에 거하지 아니하면 가지처럼 밖에 버리워 말라지나니 사람들이 이것을 모아다가 불에 던져 사르느니라
9. 아버지께서 나를 사랑하신 것 같이 나도 너희를 사랑하였으니 나의 사랑 안에 거하라

요 13:34 새 계명을 너희에게 주노니 서로 사랑하라 내가 너희를 사랑한 것 같이 너희도 서로 사랑하라

마 5:46 너희가 너희를 사랑하는 자를 사랑하면 무슨 상이 있으리요 세리도 이같이 아니하느냐

눅 6:27 그러나 너희 듣는 자에게 내가 이르노니 너희 원수를 사랑하며 너희를 미워하는 자를 선대하며
28. 너희를 저주하는 자를 위하여 축복하며 너희를 모욕하는 자를 위하여 기도하라
29. 네 이 뺨을 치는 자에게 저 뺨도 돌려대며 네 겉옷을 빼앗는 자에게 속옷도 금하지 말라
30. 무릇 네게 구하는 자에게 주며 네 것을 가져가는 자에게 다시 달라지 말며

31. 남에게 대접을 받고자 하는 대로 너희도 남을 대접하라
32. 너희가 만일 너희를 사랑하는 자를 사랑하면 칭찬받을 것이 무엇이뇨 죄인들도 사랑
하는 자를 사랑하느니라
33. 너희가 만일 선대하는 자를 선대하면 칭찬받을 것이 무엇이뇨 죄인들도 이렇게 하느
니라
34. 너희가 받기를 바라고 사람들에게 빌리면 칭찬받을 것이 무엇이뇨 죄인들도 의수히
받고자 하여 죄인에게 빌리느니라
35. 오직 너희는 원수를 사랑하고 선대하며 아무것도 바라지 말고 빌리라 그리하면 너희
상이 클 것이요 또 지극히 높으신 이의 아들이 되리니 그는 은혜를 모르는 자와 악한 자
에게도 인자로우시리라
36. 너희 아버지의 자비하심 같이 너희도 자비하라
37. 비판치 말라 그리하면 너희가 비판을 받지 않을 것이요 정죄하지 말라 그리하면 너희
가 정죄를 받지 않을 것이요 용서하라 그리하면 너희가 용서를 받을 것이요
38. 주라 그리하면 너희에게 줄 것이니 곧 후히 되어 누르고 흔들어 넘치도록 하여 너희
에게 안겨 주리라 너희의 헤아리는 그 헤아림으로 너희도 헤아림을 도로 받을 것이니라

벧전 4:7 만물의 마지막이 가까왔으니 그러므로 너희는 정신을 차리고 근신하여 기도하
라
8. 무엇보다도 열심히 서로 사랑할찌니 사랑은 허다한 죄를 덮느니라

롬 12:9 사랑엔 거짓이 없나니 악을 미워하고 선에 속하라
10. 형제를 사랑하여 서로 우애하고 존경하기를 서로 먼저 하며

골 3:23 무슨 일을 하든지 마음을 다하여 주께 하듯 하고 사람에게 하듯 하지 말라

하나님은 마지막 인간추수를 하라 하신다

마 3:12 손에 키를 들고 자기의 타작 마당을 정하게 하사 알곡은 모아 곡간에 들이고 쭉정이는 꺼지지 않는 불에 태우시리라

마 25:33 양은 그 오른편에 염소는 왼편에 두리라

막 4:29 열매가 익으면 곧 낫을 대나니 이는 추수 때가 이르렀음이니라

욜 3:13 너희는 낫을 쓰라 곡식이 익었도다 와서 밟을지어다 포도주 틀이 가득히 차고 포도주 독이 넘치니 그들의 악이 큼이로다

요 4:35 너희가 넉달이 지나야 추수할 때가 이르겠다 하지 아니하느냐 내가 너희에게 이르노니 눈을 들어 밭을 보라 희어져 추수하게 되었도다
36. 거두는 자가 이미 삯도 받고 영생에 이르는 열매를 모으나니 이는 뿌리는 자와 거두는 자가 함께 즐거워하게 하려 함이니라
37. 그런즉 한 사람이 심고 다른 사람이 거둔다 하는 말이 옳도다
38. 내가 너희로 노력지 아니한 것을 거두러 보내었노니 다른 사람들은 노력하였고 너희는 그들의 노력한 것에 참예하였느니라

계 14:14 또 내가 보니 흰구름이 있고 구름위에 사람의 아들과 같은 이가 앉았는데 그 머리에는 금 면류관이 있고 그 손에는 이한 낫을 가졌더라

진리의 말씀과 하나님의 능력 안에 있어 의의 병기로 좌우하고 영광과 욕됨으로 말미암으며 악한 이름과 아름다운 이름으로 말미암으며 속이는 자 같으나 참되고 무명한 자

같으나 유명한 자요 죽는 자 같으나 보라 우리가 살고 징계를 받는 자 같으나 죽임을 당하지 아니하고 근심하는 자 같으나 항상 기뻐하고 가난한 자 같으나 많은 사람을 부요하게 하고

고후 6:7 진리의 말씀과 하나님의 능력 안에 있어 의의 병기로 좌우하고
8. 영광과 욕됨으로 말미암으며 악한 이름과 아름다운 이름으로 말미암으며 속이는 자 같으나 참되고
9. 무명한 자 같으나 유명한 자요 죽는 자 같으나 보라 우리가 살고 징계를 받는자 같으나 죽임을 당하지 아니하고
10. 근심하는 자 같으나 항상 기뻐하고 가난한 자 같으나 많은 사람을 부요하게 하고 아무것도 없는 자 같으나 모든 것을 가진 자로다

딛 2:14 그가 우리를 대신하여 자신을 주심은 모든 불법에서 우리를 구속하시고 우리를 깨끗하게 하사 선한 일에 열심하는 친 백성이 되게 하려 하심이니라

눅 10:1 이후에 주께서 달리 칠십 인을 세우사 친히 가시려는 각동 각처로 둘씩 앞서 보내시며
2. 이르시되 추수할 것은 많되 일군이 적으니 그러므로 추수하는 주인에게 청하여 추수할 일군들을 보내어 주소서 하라
30. 예수께서 대답하여 이르시되 어떤 사람이 예루살렘에서 여리고로 내려가다가 강도를 만나매 강도들이 그 옷을 벗기고 때려 거반 죽은 것을 버리고 갔더라

눅 19:10 인자의 온 것은 잃어버린 자를 찾아 구원하려 함이니라
27. 그리고 나의 왕 됨을 원하지 아니하던 저 원수들을 이리로 끌어다가 내 앞에서 죽이라 하였느니라
40. 대답하여 가라사대 내가 너희에게 말하노니 만일 이 사람들이 잠잠하면 돌들이 소리 지르리라 하시니라
30. 이르시되 너희 맞은편 마을로 가라 그리로 들어가면 아직 아무 사람도 타 보지 않은 나귀 새끼의 매여 있는 것을 보리니 풀어 끌고 오너라

41. 가까이 오사 성을 보시고 우시며

42. 가라사대 너도 오늘날 평화에 관한 일을 알았더면 좋을 뻔하였거니와 지금 네 눈에 숨기웠도다

한국의 역사적 역대 지도자의 심판

우리나라는 하나님의 택함을 받은 나라로 오래전부터 대적을 할 줄도 모르고 그냥 당하기만 했지만, 하나님의 뜻은 하나님의 나라는 제사장 나라, 종으로 삼은 나라라고 했습니다.

행 7:7 또 가라사대 종 삼는 나라를 내가 심판하리니 그 후에 저희가 나와서 이곳에서 나를 섬기리라 하시고

종 삼은 나라로써 심판을 해서 심판을 먼저 받았기 때문에 남을 심판할 특권이 있다는 것입니다. 내가 심판을 받지 않고서는 남을 심판할 수 없다는 말씀이지요. 하나님의 심판권을 받는 자는 누구든지 각색 심판을 받아야 된다는 말씀입니다. 그래서 저도 심판을 먼저 받았고 저뿐만 아니고 저와 관련된 친정 식구들 모두 심판을 받았습니다. 그 시련이라는 건 이루 말할 수가 없지요. 안 겪은 것이 없을 정도로 많은 시련을 겪었습니다. 그런데 또 저만 겪은 게 아니라 이 나라의 왕으로부터 어린 심령에 이르기까지 여러 재난으로 먼저 고통을 겪었기 때문에 제사장 나라로 삼아 주시는 것입니다. 성경 말씀 속에서 우리를 구속하시고 여러 가지 시련 속에서 구속해 주시는 그 구속의 은혜를 우리 한국에 내려 주셨다는 말씀을 먼저 드립니다.

요 16:8 그가 와서 죄에 대하여 의에 대하여 심판에 대하여 세상을 책망하시리라
9. 죄에 대하여라 함은 저희가 나를 믿지 아니함이요
10. 의에 대하여라 함은 내가 아버지께로 가니 너희가 다시 나를 보지 못함이요
11. 심판에 대하여라 함은 이 세상 임금이 심판을 받았음이니라

이 세상 임금이 심판을 받는 원인은 하나님에 대하여 경외심이 없었다는 것입니다. 우주 만물의 창조주이신 하나님을 인정하고 믿는다지만 이것은 근성이지 정말로 하나님이 각종 식물을 주시고 호흡하게 하시고 우주 만물을 주관하시고 우리 인간을 사랑하셔서 축복하신 그 주인을 모른다는 것입니다. 그런데 1974년 8월 15일 문세광이 고 육영수 영부인을 저격한 사건이 발생하기 전에 그 사건에 대해 저에게 하나님께서 보여 주셨습니다. 말로 형용할 수 없는 모습으로 보여 주신 후에 그러한 어려움이 왔습니다. 이렇게 말씀처럼 구속하시는 하나님을 바로 알지 못할 때 우리는 더 큰 어려움을 막을 수가 없다는 생각에 말씀을 기억하여 하나님께서 징계보다 축복을 받는 백성으로 깨우치기 위하신 분이라는 것을 보여주시는 것입니다. 또 한 사건으로 보여주시기를 1969년 7월 3일 하나님께서는 저에게 당시의 대통령인 박정희 대통령께서 꺾인다고 말씀하셨습니다. 그 일은 제가 3번 죽었다 살아남으로 제 입으로 예언하리라는 말씀이었습니다. 정말 제가 열이 올라 죽는다고 주위 사람들은 머리맡에 물을 떠다 놓고 수건을 적셔가며 머리에 얹어놓고 지켰으니까요. 그렇게 3번을 죽고 살아난 후 제 입에서 예언이 터지면서 "박정희 대통령이 꺾인다."라고 하였습니다. 이렇게 하나님께서는 사전에(고 박대통령 시해사건 1979. 6. 26) 큰 일에 대한 것들을 보여주시고 경고하였습니다. 이렇게 하나님께서는 부족한 저를 통해 어려운 일들을 보여 주셨는데 가만히 있을 수가 없어 어느 전도사님을 통해 잘 쓰지는 못했지만 그리다시피 하여 청와대로 몇 차례 편지를 보내고는 하였습니다. 책도 써서 올렸습니다. 그러나 이러한 일은 청와대에서 처리할 일이 아니라고 그 책을 비서실장이 도로 되돌려보내어 왔었습니다. 그래서 책을 출판하게 되었습니다. 1974년도에 영부인이 저격당하여 돌아가시고 그런 일이 있은후에 1979년 6월 26일에 박대통령께서도 또 시해당하셨지요. 1969년도에 하나님께서 대통령이 꺾인다고 제 입을 통해 예언하게 하시고 1979년에 정말로 꺾이게 하셨으니 이 뜻을 다 깨닫지 못하여 기도하는 중에 구속의 은혜를 내리시는 이에게 감사하라는 것입니다. 우리 인간은 언젠가는 가는 것이지요. 한번 왔다가 한번 가는데 하나님께서 하시는 일을 감히 누가 뭐라고 할 수 있겠습니까? 그러나 사람을 통해 역사하시는 것입니다. 인간의 눈으로 보기에는 문세광이가 죽일 놈이지만, 그러나 하나님은 또 그를 통하여 역사하셨다는 것입니다. 이렇게 많은 일들이 하나님의 구속에서 예언하시고 성취되는 모습을 알 수가 있었습니다.

시 136:17 큰 왕들을 치신 이에게 감사하라 그 인자하심이 영원함이로다

요 12:31 이제 이 세상의 임금이 심판에 이르렀으니 이 세상 임금이 쫓겨나리라

그 쫓겨나리라는 말씀이 교도소 옥중으로 세상 밖으로 쫓겨난다는 뜻이구나 하고 깨달았습니다. 그런 후 기도하는 가운데 말씀을 주시기를

습 1:8 여호와의 희생의 날에 내가 방백들과 왕자들과 이방인 의복을 입은 자들을 벌할 것이며

벌을 하시는데 무조건하고 벌하는게 아니라 의복, 이방인의 의복을 입으면 하나님의 복음으로 삼지 않고 말씀에 순종하지 않는 것 이 모든 것을 이방인의 의복으로 여기고 벌하신다는 말씀입니다.

호 8:4 저희가 왕들을 세웠으나 내게서 말미암지 아니하였고 저희가 방백들을 세웠으나 나의 모르는 바며 저희가 또 그 은, 금으로 자기를 위하여 우상을 만들었나니 파멸을 이루리라

아! 하나님을 경외하는 경외심이 전혀 없었다는 것입니다. 그리고 주인을 모르고 왕들을 세웠을 때 그 왕이 하나님을 경외하는 경외심이 없는 왕이었다는 것입니다. 한마디로 하나님과 관계없이 자기를 멋대로 왕을 세웠다는 말씀입니다. 이렇게 무슨 일을 할 때는 하나님께 묻고 기도해야 하는데 위정자나 목사님들까지도 인간의 생각이나 다른 곳에 의존하고는 하지요. 예언이니, 신통력이니 하면서 요즘 무당이나 점쟁이들이 활개치는 이유가 모두들 하나님을 바로 보지 못하고 알지 못하기 때문이지요. 그러니 위정자나 정치가들이 하나님께 묻고 의지해야 할 일들을 점쟁이나 귀신을 찾으니 오죽 하겠습니까?

사 8:19 혹이 너희에게 고하기를 지절거리며 속살거리는 신접한 자와 마술사에게 물으라 하거든 백성이 자기 하나님께 구할 것이 아니냐 산 자를 위하여 죽은 자에게 구하겠느냐 하라

산 자가 죽은 자에게 물으니 하나님 마음이 얼마나 아플까요. 그 동안에 하나님께서 저에게 연단을 시키시는데 갈 곳 안 갈 곳을 다 가게 하셨습니다. 서울에 어느 홍길동이라는 여자가 옛날 젊을 때는 새우 장사를 하던 사람이었는데 무당 신이 들어 점을 하기 시작했습니다. 큰 성전 같은 곳에서 점을 치는데 사람들이 밀려와서 기다리며 틈이 없을 정도였습니다. 그곳에 오는 사람들이 모두 이름 꽤나 있는 사람들이 오고는 하였습니다. 그런데 하나님께서 제가 거기서 당분간 머물게 하면서 그것을 보게 하셨습니다. 저것을 봐라. 저런 것을 봐라. 정치가들이나 위정자들이 저 무당에게 물으니 이 말을 안 할 수가 없으며, 그 모든 일들을 보여주신 하나님이 뜻을 깨닫고 이 말씀을 생각해 봅니다. 그래요. 다 헛되고 헛되게 살고 하나님을 모르니 다 죽은 일들 뿐이라는 겁니다.

사 45:11 이스라엘의 거룩하신 자 곧 이스라엘을 지으신 여호와께서 가라사대 장래 일을 내게 물으라 또 내 아들들의 일과 내 손으로 한 일에 대하여 내게 부탁하라

그러니까 기계도 만든 사람이 알아야 뜯어서 고칠 수 있듯이 나를 창조하시고 지으신 하나님께 물어야지 귀신한테 묻고, 산 자가 죽은 자에게 물어서 정치를 하니 그의 정치가 온전할 수가 없다는 것입니다. 흑암에 쌓여 자기의 사리사욕과 명예와 권력에 눈이 어두워 끝내는 망하는 것밖에 없다는 것이지요. 이렇게 나라가 어렵게 되고 환난을 겪은 것이 하나님을 떠난 행동과 삶에서 비롯되었다는 것을 정치지도자들은 깨달아야 할 것입니다. 그렇게 "지도자들과 왕들이 하나님의 말씀과 섭리에서 벗어나니 오히려 그 어려움과 고통은 백성들이 감당해야 했습니다. 이런 것들을 우리는 깨닫고 고쳐야 할 것입니다. 우리도 바로 서지 못하면 말씀에 "인자의 때는 롯의 때와 같고 노아의 때와 같다."라고 하셨습니다. 그러나 롯의 때와 같고 노아의 때와 같을지라도 하나님께 구해야 할 것입니다.

욥 5:8 나 같으면 하나님께 구하고 내 일을 하나님께 의탁하리라

또한 말씀하시길 "나는 여호와라 나 외에는 다른 신이 없느니라"고 하셨습니다. 하나님 외에는 다른 신이 없습니다. 우리가 분명히 알아야 할 것은 귀신은 사람들이 만들어서 그 귀신을 섬기는 것이지 스스로 있는 신이 아니라는 것입니다. 결국 하나님을 모르고 하나님의 영을 떠는 자는 사단에 속할 수밖에 없는 것이지요.

호 5:1 제사장들아 이를 들어라 이스라엘 족속들아 깨달으라 왕족들아 귀를 기울이라 너희에게 심판이 있나니 너희가 미스바에서 올무가 되며 다볼 위에서 친 그물이 됨이라

우리를 깨우쳐 주시며 왕과 제사장들 그리고 백성 모두에게 깨달으라 하시는 말씀입니다.

겔 7:2 너 인자야 주 여호와 내가 이스라엘 땅에 대하여 말하노라 끝났도다 이 땅 사방의 일이 끝났도다
3. 이제는 네게 끝이 이르렀나니 내가 내 진노를 네게 발하여 네 행위를 국문하고 너의 모든 가증한 일을 보응하리라

지금 모략으로 보응을 받고 있다는 것입니다. 우리 한국 왕들이 인류의 대표로 심판을 받았으니 인류를 살려낼 것을 역사하는 말씀입니다. 이제 그 하나님께서 역사를 돌리고 계시는 것입니다.

사무엘상 15:22 사무엘이 가로되 여호와께서 번제와 다른 제사를 그 목소리 순종하는 것을 좋아하심 같이 좋아하시겠나이까 순종이 제사보다 낫고 듣는 것이 수양의 기름보다 나으니
26 사무엘이 사울에게 이르되 나는 왕과 함께 돌아가지 아니하리니 이는 왕이 여호와의 말씀을 버렸으므로 여호와께서 왕을 버려 이스라엘 왕이 되지 못하게 하셨음이니이다 하고

사울 왕이 하나님 말씀을 버리니까 하나님에게도 버림받고 사람에게도 버림받았습니다. 하나님 말씀 없으면 뿌리 없는 나무입니다.

청년, 나라의 기둥입니다

시편 110:3 주의 권능의 날에 주의 백성이 거룩한 옷을 입고 즐거이 헌신하니 새벽이슬 같은 주의 청년들이 주께 나오는도다

계 2:4 그러나 너를 책망할 것이 있나니 너의 처음 사랑을 버렸느니라

딤전 5:12 처음 믿음을 저버렸으므로 심판을 받느니라

전 12:1 너는 청년의 때 곧 곤고한 날이 이르기 전, 나는 아무 낙이 없다고 할 해가 가깝기 전에 너의 창조자를 기억하라

시편 119:103 주의 말씀의 맛이 내게 어찌 그리 단지요 내 입에 꿀보다 더하나이다
105. 주의 말씀은 내 발에 등이요 내 길에 빛이니이다

애가 2:19 밤 초경에 일어나 부르짖을찌어다 네 마음을 주의 얼굴 앞에 물 쏟듯 할지어다 각 길머리에서 주려 혼미한 네 어린 자녀의 생명을 위하여 주를 향하여 손을 들찌어다 하였도다
20. 여호와여 감찰하소서 뉘게 이같이 행하셨는지요 여인들이 어찌 자기 열매 곧 손에 받든 아이를 먹으오며 제사장들과 선지자들이 어찌 주의 성소에서 살육을 당하오리이까

딤전 2:8 그러므로 각처에서 남자들이 분노와 다툼이 없이 거룩한 손을 들어 기도하기를 원하노라

잠언 4:10 내 아들아 들으라 내 말을 받으라 그리하면 네 생명의 해가 길리라

벧전 5:5 젊은 자들아 이와같이 장로들에게 순복하고 다 서로 겸손하고 허리를 동이라 하나님이 교만한 자를 대적하시되 겸손한 자들에게는 은혜를 주시느니라
6. 그러므로 하나님의 능하신 손 아래서 겸손하라 때가 되면 너희를 높이시리라
7. 너희 염려를 다 주께 맡겨 버리라 이는 저가 너희를 권고하심이니라
8. 근신하라 깨어라 너희 대적 마귀가 우는 사자같이 두루 다니며 삼킬자를 찾나니

잠언 13:13 말씀을 멸시하는 자는 패망을 이루고 계명을 두려워하는 자는 상을 얻느니라
14. 지혜있는 자의 교훈은 생명의 샘이라 사람으로 사망의 그물을 벗어나게 하느니라

잠언 3:1 내 아들아 나의 법을 잊어버리지 말고 네 마음으로 나의 명령을 지키라
2. 그리하면 그것이 너로 장수하여 많은 해를 누리게 하며 평강을 더하게 하리라
3. 인자와 진리로 네게서 떠나지 않게 하고 그것을 네 목에 매며 네 마음판에 새기라
4. 그리하면 네가 하나님과 사람앞에서 은총과 귀중히 여김을 받으리라
5. 너는 마음을 다하여 여호와를 의뢰하고 네 명철을 의지하지 말라
6. 너는 범사에 그를 인정하라 그리하면 네 길을 지도하시리라
7. 스스로 지혜롭게 여기지 말찌어다 여호와를 경외하며 악을 떠날찌어다
8. 이것이 네 몸에 양약이 되어 네 골수로 윤택하게 하리라

딤후 2:22 또한 네가 청년의 정욕을 피하고 주를 깨끗한 마음으로 부르는 자들과 함께 의와 믿음과 사랑과 화평을 좇으라

청년들은 이 나라의 기둥입니다.

엡 4:26 분을 내어도 죄를 짓지 말며 해가 지도록 분을 품지말고

잠언 19:11 노하기를 더디하는 것이 사람의 슬기요 허물을 용서하는 것이 자기의 영광이니라

잠언 8:17 나를 사랑하는 자들이 나의 사랑을 입으며 나를 간절히 찾는 자가 나를 만날

것이니라
36. 그러나 나를 잃는 자는 자기의 영혼을 해하는자라 무릇 나를 미워하는자는 사망을 사
랑하느니라
35. 대저 나를 얻는 자는 생명을 얻고 여호와께 은총을 얻을 것임이니라
21. 이는 나를 사랑하는 자로 재물을 얻어서 그 곳간에 채우게 하려함이니라

IMF (시한부 인생)
머리가 아프면서 계시가 왔다

머리가 송곳으로 찌르는 듯 일주일간을 쑤시는데 입으로는 "시한부 인생"이라는 말을 내뱉으며, 교회가서 전하라고 해서 이 말씀을 전하고 나니 쑤시던 머리가 다 나았습니다.

사 1:3 소는 그 임자를 알고 나귀는 그 주인의 구유를 알건마는 이스라엘은 알지 못하고 나의 백성은 깨닫지 못하는도다 하셨도다
5. 너희가 어찌하여 매를 더 맞으려고 더욱더욱 패역하느냐 온 머리는 병들었고 온 마음은 피곤하였으며
7. 너희 땅은 황무하였고 너희 성읍들은 불에 탔고 너희 토지는 너희 목전에 이방인에게 삼키웠으며 이방인에게 파괴됨같이 황무하였고
8. 딸 시온은 포도원의 망대같이, 원두밭의 상직막같이, 에워싸인 성읍같이 겨우 남았도다

렘 2:7 내가 너희를 인도하여 기름진 땅에 들여 그 과실과 그 아름다운 것을 먹게 하였거늘 너희가 이리로 들어와서는 내 땅을 더럽히고 내 기업을 가증히 만들었으며
8. 제사장들은 여호와께서 어디 계시냐 하지 아니하며 법 잡은 자들은 나를 알지 못하며 관리들도 나를 항거하며 선지자들은 바알의 이름으로 예언하고 무익한 것들을 좇았느니라
9. 그러므로 내가 여전히 너희와 다투고 너희 후손과도 다투리라 여호와의 말이니라
10. 너희는 깃딤 섬들에 건너가 보며 게달에도 사람을 보내어 이같은 일의 유무를 자세히 살펴보라
11. 어느 나라가 그 신을 신 아닌 것과 바꾼 일이 있느냐 그러나 나의 백성은 그의 영광을 무익한 것과 바꾸었도다

12. 너 하늘아 이 일을 인하여 놀랄지어다 심히 떨지어다 두려워할지어다 여호와의 말이니라
13. 내 백성이 두 가지 악을 행하였나니 곧 생수의 근원되는 나를 버린 것과 스스로 웅덩이를 판 것인데 그것은 그 물을 저축지 못할 터진 웅덩이니라

잠언 22:4 겸손과 여호와를 경외함의 보응은 재물과 영광과 생명이니라
6. 마땅히 행할 길을 아이에게 가르치라 그리하면 늙어도 그것을 떠나지 아니하니라

마 4:17 이 때부터 예수께서 비로소 전파하여 가라사대 회개하라 천국이 가까왔느니라 하시더라

회개하면 천국이고 믿지 않으면 산지옥입니다.

절간에 가서 전도하다

스님도 예수님을 믿을 것이다. 1974년도에 청주에서 충주로 이사를 가게 되었습니다. 그 지역에 대해 아무것도 알지 못하는데 어느 날, 성령께서 산 두 개 넘어가면 절이 있다고 하시면서 거기 있는 스님에게 가서 예수 믿으라고 하라 하십니다. 그러나 나는 당시 성경도 잘 모르고, 알지도 못하는 절에 가서 전도한다는 것이 두려워서 4년간을 불순종했습니다. 그런데 그때, 제가 자궁암에 걸려 피를 너무 흘리고 곧 죽게 되었을 때 죽기 전에 하나님의 말씀에 순종해야겠다 생각하며 1978년도에 그 절을 찾아가서 무작정 복음을 스님에게 전했습니다. 그런데 하나님은 신실하게 역사하셨습니다. 그리고 순종한 저는 암에서 치료함을 받았습니다.

행 4:12 다른 이로서는 구원을 얻을 수 없나니 천하 인간에 구원을 얻을만한 다른 이름을 우리에게 주신 일이 없음이니라 하였더라

행 16:31 가로되 주 예수를 믿으라 그리하면 너와 네 집이 구원을 얻으리라 하고

요 6:29 예수께서 대답하여 가라사대 하나님의 보내신 자를 믿는 것이 하나님의 일이니라

말씀을 전했더니 스님께서 말씀하시기 시작하셨다. 그가 예전에 예수를 믿었었다고, 또 서울에는 7남매 자녀와 부인이 있고, 현재 절에 있는 보살 또한 청주에 남편과 자녀가 있는데 또한 이것도 덕스럽지 못한 일이다. 그 비밀을 내게 모두 말해주면서 또 나의 얘기를 재미있다고 하셨습니다.

요 6:39 나를 보내신 이의 뜻을 행하려 함이니라 나를 보내신 이의 뜻은 내게 주신 자 중에 내가 하나도 잃어버리지 아니하고 마지막 날에 다시 살리는 이것이니라

하나님은 하나도 잃으시기를 싫어하십니다. 다 찾아내기를 원하십니다. 우리가 전도하는 곳이 어디든 그곳에 하나님의 자녀가 남겨져 있습니다. 우리는 때를 얻든지 못얻든지 복음 전하는 일에 힘을 다해야 합니다.

시편 96:5 만방의 모든 신은 헛것이요 여호와께서는 하늘을 지으셨음이로다
8. 여호와의 이름에 합당한 영광을 그에게 돌릴찌어다 예물을 가지고 그 궁정에 들어갈찌어다
9. 아름답고 거룩한 것으로 여호와께 경배할찌어다 온 땅이여 그 앞에서 떨지어다

왕상 8:60 이에 세상 만민에게 여호와께서만 하나님이시고 그 외에는 없는 줄을 알게 하시기를 원하노라

담대함으로 우리는 복음을 전해야 합니다. 어느 스님께 전도를 하니까 밥줄 끊어질까봐 예수를 못 믿겠다고 말하는 분도 있었습니다.

마 6:33 너희는 먼저 그의 나라와 그의 의를 구하라 그리하면 이 모든 것을 너희에게 더하시리라
26. 공중의 새를 보라 심지도 않고 거두지도 않고 창고에 모아들이지도 아니하되 너희 천부께서 기르시나니 너희는 이것들보다 귀하지 아니하냐
27. 너희 중에 누가 염려함으로 그 키를 한 자나 더할 수 있느냐

우리에게 우선순위가 있습니다. 먼저 해야 할 일, 그리고 다음에 해야 할 일. 그런데 요즘 우리는 거꾸로 일을 합니다. 생존 경쟁에서 혹시 뒤처지지 않을까 염려하며 세상 일에 얼마나 열정을 쏟아 붓는지, 그리고 교회 일은 대충합니다. 시늉만 냅니다.

요 5:39 너희가 성경에서 영생을 얻는줄 생각하고 성경을 상고하거니와 이 성경이 곧 내게 대하여 증거하는 것이로다

요즘 성경에서 빠진 이름이 있습니다. “예수” 그 이름이 빠졌습니다. 물론 예수님의 이름을 부르지요. 그런데 그 이름의 뜻은 구원자 우리를 위해서 십자가에서 보혈을 흘려주신 분, 그 이름이 보이지 않습니다. 단지 헛되이 그 이름을 지절거릴 뿐입니다. 우리에게 영생에 대한 관심이 없기 때문입니다. 여기가 너무 좋은데 무슨 영생의 말씀이 필요합니까!!

사 45:5 나는 여호와라 나 외에 다른 이가 없나니 나 밖에 신이 없느니라 너는 나를 알지 못하였을찌라도 나는 네 띠를 동일 것이요
11. 이스라엘의 거룩하신 자 곧 이스라엘을 지으신 여호와께서 가라사대 장래 일을 내게 물으라 또 내 아들들의 일과 내 손으로 한 일에 대하여 내게 부탁하라

절간에서 스님을 전도하고 자궁암이 나았습니다.

눅 8:10 가라사대 하나님 나라의 비밀을 아는 것이 너희에게는 허락되었으나 다른 사람에게는 비유로 하나니 이는 저희로 보아도 보지 못하고 들어도 깨닫지 못하게 하려 함이니라

고전 4:1 사람이 마땅히 우리를 그리스도의 일군이요 하나님의 비밀을 맡은 자로 여길찌어다

고전 9:16 내가 복음을 전할찌라도 자랑할 것이 없음은 내가 부득불 할 일임이라 만일 복음을 전하지 아니하면 내게 화가 있을것임로다

영적거지

에스겔 2:1 그가 내게 이르시되 인자야 일어서라 내가 네게 말하리라 하시며
4. 이 자손은 얼굴이 뻔뻔하고 마음이 강퍅한 자니라 내가 너를 그들에게 보내노니 너는
그들에게 이르기를 주 여호와의 말씀이 이러하시다 하라
6. 인자야 너는 비록 가시와 찔레와 함께 처하며 전갈 가운데 거할찌라도 그들을 두려워
말고 그 말을 두려워 말찌어다 그들은 패역한 족속이라도 그 말을 두려워 말며 그 얼굴을
무서워 말찌어다
7. 그들은 심히 패역한 자라 듣든지 아니 듣든지 너는 내 말로 고할찌어다

요 1:14 말씀이 육신이 되어 우리 가운데 거하시매 우리가 그 영광을 보니 아버지의 독생
자의 영광이요 은혜와 진리가 충만하더라

시편 107:10 사람이 흑암과 사망의 그늘에 앉으며 곤고와 쇠사슬에 매임은
20. 저가 그 말씀을 보내어 저희를 고치사 위경에서 건지시는도다
21. 여호와의 인자하심과 인생에게 행하신 기이한 일을 인하여 그를 찬송할찌로다

히 4:12 하나님의 말씀은 살았고 운동력이 있어 좌우에 날선 어떤 검보다도 예리하여 혼
과 영과 및 관절과 골수를 찔러 쪼개기까지 하며 또 마음의 생각과 뜻을 감찰하나니

마 11:28 수고하고 무거운 짐진 자들아 다 내게로 오라 내가 너희를 쉬게 하리라
29. 나는 마음이 온유하고 겸손하니 나의 멍에를 메고 내게 배우라 그러면 너희 마음이
쉼을 얻으리니

지진을 통해 주는 경고 (계 6:12, 마 24:30)

지진은 우리의 신앙의 잠을 깨우기 위해 오는 재난입니다. 몇 년 전에 일본뿐 아니라 각 나라에 지진이 나고 지진 때문에 고생을 했고 얼마 전에 터키에도 지진이 났지만 우리나라도 몇 번의 지진으로 하나님께서 신앙의 잠을 깨우는 경고의 의미를 우리는 깊이 생각하면서 깨달아야 할 것입니다. 하나님께서는 이웃 나라만 걱정을 하고 있을 것이 아니라 이 나라도 걱정해야 할 것이라는 말씀을 주시면서 1978년 홍성에서 지진이 났을 때 새벽 2시 반경에 땅이 흔들리며 지진이 나는 것을 느꼈는데 그때가 새벽기도 중이었습니다. 그때 저는 지진이라는 것을 처음 겪었습니다. 지진에 대한 말씀이 생각이 나서 성경을 봐보니

마 24:7 민족이 민족을, 나라가 나라를 대적하여 일어나겠고 처처에 기근과 지진이 있으리니

이렇게 예언의 말씀이 생각이 나면서 아! 지진이로구나. 하나님의 경고로 지진이 나며 이렇게 하여 성경의 예언들이 이루어지는구나 하는 생각이 들었습니다. 그러면서 기도하는 중에 주시는 말씀이

마 24:30 그 때에 인자의 징조가 하늘에서 보이겠고 그 때에 땅의 모든 족속들이 통곡하며 그들이 인자가 구름을 타고 능력과 큰 영광으로 오는 것을 보리라

이것은 또한 하늘에서 보이는 인자의 징조라는 것이였습니다.

1995년 1월초경에 일본 고베 대지진 때 하나님은 또 저에게 그 지진의 이유를 말씀해 주셨습니다. 그 이유가 일본은 종교적인 민족성을 가지고는 있으나 집집마다 조상신을 섬기고 국가적으로는 국가신을 섬기는 것이라고 하셨습니다. 그러므로 일본에 지진이

날 것이라고 말씀하시고 얼마 후에 지진이 났습니다. 이는 이미 성경에서 말씀하신 바와 같이

막 7:6 가라사대 이사야가 너희 외식하는 자에 대하여 잘 예언하였도다 기록하였으되 이 백성이 입술로는 나를 존경하되 마음은 내게서 멀도다
7. 사람의 계명으로 교훈을 삼아 가르치니 나를 헛되이 경배하는도다 하였느니라
9. 또 가라사대 너희가 너희 유전을 지키려고 하나님의 계명을 잘 저버리는도다
13. 너희의 전한 유전으로 하나님의 말씀을 폐하며 또 이같은 일을 많이 행하느니라 하시고

행 17:22 바울이 아레오바고 가운데 서서 말하되 아덴 사람들아 너희를 보니 범사에 종교성이 많도다
23. 내가 두루 다니며 너희의 위하는 것들을 보다가 알지 못하는 신에게라고 새긴 단도 보았으니 그런즉 너희가 알지 못하고 위하는 그것을 내가 너희에게 알게 하리라

사 2:8 그 땅에는 우상도 가득하므로 그들이 자기 손으로 짓고 자기 손가락으로 만든 것을 공경하여
9. 천한 자도 절하며 귀한 자도 굴복하오니 그들을 용서하지 마옵소서

시 119:165 주의 법을 사랑하는 자에게는 큰 평안이 있으니 저희에게 장애물이 없으리이다

요엘 2:13 너희는 옷을 찢지 말고 마음을 찢고 너희 하나님 여호와께로 돌아올찌어다 그는 은혜로우시며 자비로우시며 노하기를 더디하시며 인애가 크시사 뜻을 돌이켜 재앙을 내리지 아니하시나니

마 7:7 구하라 그러면 너희에게 주실 것이요 찾으라 그러면 찾을 것이요 문을 두드리라 그러면 너희에게 열릴 것이니

계 8:5 천사가 향로를 가지고 단 위의 불을 담아다가 땅에 쏟으매 뇌성과 음성과 번개와 지진이 나더라

시 126:5 눈물을 흘리며 씨를 뿌리는 자는 기쁨으로 거두리로다

동성애, 게임

창 3:21 여호와 하나님이 아담과 그의 아내를 위하여 가죽옷을 지어 입히시니라
22. 여호와 하나님이 이르시되 보라 이 사람이 선악을 아는 일에 우리 중 하나 같이 되었으니 그가 그 손을 들어 생명 나무 실과도 따 먹고 영생할까 하노라 하시고
23. 여호와 하나님이 에덴 동산에서 그 사람을 내어보내어 그의 근본된 토지를 갈게 하시니라
24. 이같이 하나님이 그 사람을 쫓아내시고 에덴동산 동편에 그룹들과 두루 도는 화염검을 두어 생명나무의 길을 지키게 하시리라

전도서 7:25 내가 돌이켜 전심으로 지혜와 명철을 살피고 궁구하여 악한 것이 어리석은 것이요 어리석은 것이 미친 것인 줄을 알고자 하였더니

로마서 1:26 이를 위하여 하나님께서 저희를 부끄러운 욕심에 내어 버려두셨으니 곧 저희 여인들도 순리대로 쓸 것을 바꾸어 역리로 쓰며,
27. 이와 같이 남자들도 순리대로 여인 쓰기를 버리고 서로 향하여 음욕이 불 일듯하매 남자가 남자로 더불어 부끄러운 일을 행하여 저희의 그릇됨에 상당한 보응을 그 자신에 받았느니라
32. 저희가 이 같은 일을 행하는 자는 사형에 해당하다고 하나님의 정하심을 알고도 자기들만 행할 뿐 아니라 또한 그 일을 행하는 자를 옳다 하느니라

동성애를 하면 악을 행하는 것이기 때문에 죽는 겁니다.

전도서 3:11 하나님이 모든 것을 지으시되 때를 따라 아름답게 하셨고 또 사람에게 영원을 사모하는 마음을 주셨느니라 그러나 하나님이 하시는 일의 시종을 사람으로 측량할 수 없게 하셨도다

잠언 1:23 나의 책망을 듣고 돌이키라 보라 내가 나의 신을 너희에게 부어 주며 나의 말을 너희에게 보이리라
30. 나의 교훈을 받지 아니하고 나의 모든 책망을 업신여겼음이니라

순종해서 복을 받고 행복하며 부활의 승리가 되시길 바랍니다.

영적 눈을 뜨자

엡 1:18 너희 마음눈을 밝히사 그의 부르심의 소망이 무엇이며 성도 안에서 그 기업의 영광의 풍성이 무엇이며

시 31:9 여호와여 내 고통을 인하여 나를 긍휼히 여기소서 내가 근심으로 눈과 혼과 몸이 쇠하였나이다

왕하 6:17 기도하여 가로되 여호와여 원컨대 저의 눈을 열어서 보게 하옵소서 하니 여호와께서 그 사환의 눈을 여시매 저가 보니 불말과 불병거가 산에 가득하여 엘리사를 둘렀더라
18. 아람 사람이 엘리사에게 내려오매 엘리사가 여호와께 기도하여 가로되 원컨대 저 무리의 눈을 어둡게 하옵소서 하매 엘리사의 말대로 그 눈을 어둡게 하신지라
20. 사마리아에 들어갈 때에 엘리사가 가로되 여호와여 이 무리의 눈을 열어서 보게 하옵소서 하니 여호와께서 저희의 눈을 여시매 저희가 보니 자기가 사마리아 가운데 있더라

잠 22:9 선한 눈을 가진 자는 복을 받으리니 이는 양식을 가난한 자에게 줌이니라

신 29:3 곧 그 큰 시험과 이적과 큰 기사를 네가 목도하였느니라

눅 11:34 네 몸의 등불은 눈이라 네 눈이 성하면 온 몸이 밝을 것이요 만일 나쁘면 네 몸도 어두우리라

유 1:7 소돔과 고모라와 그 이웃 도시들도 저희와 같은 모양으로 간음을 행하며 다른 색을 따라 가다가 영원한 불의 형벌을 받음으로 거울이 되었느니라

행 9:17 아나니아가 떠나 그 집에 들어가서 그에게 안수하여 가로되 형제 사울아 주 곧
네가 오는 길에서 나타나시던 예수께서 나를 보내어 너로 다시 보게 하시고 성령으로 충
만하게 하신다 하니
18. 즉시 사울의 눈에서 비늘 같은 것이 벗어져 다시 보게 된지라 일어나 세례를 받고

잠언 16:30 눈을 감는 자는 패역한 일을 도모하며 입술을 닫는 자는 악한 일을 이루느니
라

신 34:7 모세의 죽을 때 나이 일백이십세나 그 눈이 흐리지 아니하였고 기력이 쇠하지 아
니하였더라
8. 이스라엘 자손이 모압 평지에서 애곡하는 기한이 맞도록 모세를 위하여 삼십일을 애곡
하리라

시 19:7 여호와의 율법은 완전하여 영혼을 소성케 하고 여호와의 증거는 확실하여 우둔
한 자로 지혜롭게 하며
8. 여호와의 교훈은 정직하여 마음을 기쁘게 하고 여호와의 계명은 순결하여 눈을 밝게
하도다

순종하면 축복이다
복 받는 십일조

청와대부터 온 세계가 하나님께 11조를 드려야 합니다.

레위기 27:30 땅의 십분 일 곧 땅의 곡식이나 나무의 과실이나 그 십분일은 여호와의 것이니 여호와께 성물이라

잠언 19:17 가난한 자를 불쌍히 여기는 것은 여호와께 꾸이는 것이니 그 선행을 갚아 주시리라

시편 94:6 과부와 나그네를 죽이며 고아를 살해하며
7. 말하기를 여호와가 보지 못하며 야곱의 하나님이 생각지 못하리라 하나이다

렘 17:9 만물보다 거짓되고 심히 부패한 것은 마음이라 누가 능히 이를 알리요마는
10. 나 여호와는 심장을 살피며 폐부를 시험하고 각각 그 행위와 그 행실대로 보응하나니
13. 이스라엘의 소망이신 여호와여 무릇 주를 버리는 자는 다 수치를 당할 것이라 무릇 여호와를 떠나는 자는 흙에 기록이 되오리니 이는 생수의 근원이신 여호와를 버림이니이다

말 3:7 만군의 여호와가 이르노라 너희 열조의 날로부터 너희가 나의 규례를 떠나 지키지 아니하였도다 그런즉 내게로 돌아오라 그리하면 나도 너희에게로 돌아가리라 하였더니 너희가 이르기를 우리가 어떻게 하여야 돌아가리이까 하도다
8. 사람이 어찌 하나님의 것을 도적질하겠느냐 그러나 너희는 나의 것을 도적질하고도 말하기를 우리가 어떻게 주의 것을 도적질하였나이까 하도다 이는 곧 십일조와 헌물이라
9. 너희 곧 온 나라가 나의 것을 도적질하였으므로 너희가 저주를 받았느니라

10. 만군의 여호와가 이르노라 너희의 온전한 십일조를 창고에 들여 나의 집에 양식이 있게 하고 그것으로 나를 시험하여 내가 하늘 문을 열고 너희에게 복을 쌓을 곳이 없도록 붓지 아니하나 보라
11. 만군의 여호와가 이르노라 내가 너희를 위하여 황충을 금하여 너희 토지 소산을 멸하지 않게 하며 너희 밭에 포도나무의 과실로 기한 전에 떨어지지 않게 하리니
12. 너희 땅이 아름다워지므로 열방이 너희를 복되다 하리라 만군의 여호와의 말이니라
18. 그 때에 너희가 돌아와서 의인과 악인이며 하나님을 섬기는 자와 섬기지 아니하는 자를 분별하리라

사 3:13 여호와께서 변론하러 일어나시며 백성들을 심판하려고 서시도다
14. 여호와께서 그 백성의 장로들과 방백들을 국문하시되 포도원을 삼킨 자는 너희며 가난한 자에게서 탈취한 물건은 너희 집에 있도다
15. 어찌하여 너희가 내 백성을 짓밟으며 가난한 자의 얼굴에 맷돌질하느뇨 주 만군의 여호와 내가 말하였느니라 하시리로다
16. 여호와께서 또 말씀하시되 시온의 딸들이 교만하여 늘인 목, 정을 통하는 눈으로 다니며 아기죽거려 행하며 발로는 쟁쟁한 소리를 낸다 하시도다

눅 9:23 또 무리에게 이르시되 아무든지 나를 따라 오려거든 자기를 부인하고 날마다 제 십자가를 지고 나를 좇을 것이니라
27. 내가 참으로 너희에게 이르노니 여기 섰는 사람 중에 죽기 전에 하나님의 나라를 볼 자들도 있느니라

겔 47:12 강 좌우 가에는 각종 먹을 실과나무가 자라서 그 잎이 시들지 아니하며 실과가 끊치지 아니하고 달마다 새 실과를 맺으리니 그 물이 성소로 말미암아 나옴이라 그 실과는 먹을 만하고 그 잎사귀는 약 재료가 되리라

신 28:1 네가 네 하나님 여호와의 말씀을 삼가듣고 내가 오늘날 네게 명하는그 모든 명령을 지켜 행하면 네 하나님 여호와께서 너를 세계 모든 민족 위에 뛰어나게 하실 것이라
2. 네가 네 하나님 여호와의 말씀을 순종하면 이 모든 복이 네게 임하며 네게 미치리니

3. 성읍에서도 복을 받고 들에서도 복을 받을 것이며
4. 네 몸의 소생과 네 토지의 소산과 네 짐승의 새끼와 우양의 새끼가 복을 받을 것이며
5. 네 광주리와 떡반죽 그릇이 복을 받을 것이며
6. 네가 들어와도 복을 받고 나가도 복을 받을 것이니라
7. 네 대적들이 일어나 너를 치려하면 여호와께서 그들을 네 앞에서 패하게 하시리니 그들이 한 길로 너를 치러 들어왔으나 네 앞에서 일곱 길로 도망하리라
8. 여호와께서 명하사 네 창고와 네손으로 하는 모든 일에 복을 내리시고 네 하나님 여호와께서 네게 주시는 땅에서 네게 복을 주실 것이며
9. 네가 네 하나님 여호와의 명령을 지켜 그길로 행하면 여호와께서 네게 맹세하신 대로 너를 세워 자기의 성민이 되게 하시리니
10. 너를 여호와의 이름으로 일컬음을 세계 만민이 보고 너를 두려워하리라
11. 여호와께서 네게 주리라고 네 열조에게 맹세하신 땅에서 네게 복을 주사 네 몸의 소생과 육축의 새끼와 토지의 소산으로 많게 하시며
12. 여호와께서 너를 위하여 하늘의 아름다운 보고를 열으사 네 땅에 때를 따라 비를내리시고 네 손으로 하는 모든 일에 복을 주시리니 네가 많은 민족에게 꾸어줄찌라도 너는 꾸지 아니할 것이요
13. 여호와께서 너로 머리가 되고 꼬리가 되지 않게 하시며 위에만 있고 아래에 있지않게 하시리니 오직 너는 내가 오늘날 네게 명하는 네 하나님 여호와의 명령을 듣고 지켜 행하며
14. 내가 오늘날 너희에게 명하는 그 말씀을 떠나 좌로나 우로나 치우치지 아니하고 다른 신을 따라 섬기지 아니하면 이와 같으리라

신명기 15~68

15. 네가 만일 네 하나님 여호와의 말씀을 순종하지 아니하여 내가 오늘날 네게 명하는 그 모든 명령과 규례를 지켜 행하지 아니하면 그 모든 저주가 네게 임하고 네게 미칠 것이니
16. 네가 성읍에서도 저주를 받으며 들에서도 저주를 받을 것이요
17. 또 네 광주리와 떡반죽 그릇이 저주를 받을 것이요
18. 네 몸의 소생과 네 토지의 소산과 네 우양의 새끼가 저주를 받을 것이며

19. 네가 들어와도 저주를 받고 나가도 저주를 받으리라

사 1:19 너희가 즐겨 순종하면 땅의 아름다운 소산을 먹을 것이요

레위기 25:23 토지를 영영히 팔지 말 것은 토지는 다 내 것임이라 너희는 나그네요 우거하는 자로서 나와 함께 있느니라

창 28:22 내가 기둥으로 세운 이 돌이 하나님의 전이 될 것이요 하나님께서 내게 주신 모든 것에서 십분 일을 내가 반드시 하나님께 드리겠나이다 하였더라

점치는 귀신들을 신뢰하지 말라

슥 5:4 만군의 여호와께서 가라사대 내가 이것을 발하였나니 도적의 집에도 들어가며 내 이름을 가리켜 망령되이 맹세하는 자의 집에도 들어가서 그 집에 머무르며 그 집을 그 나무와 그 돌을 아울러 사르리라 하니라

눅 7:37 그 동네에 죄인인 한 여자가 있어 예수께서 바리새인의 집에 앉으셨음을 알고 향유 담은 옥합을 가지고 와서

죄를 지은 한 여자는 필자이고 두 무당 얼굴을 보지 못했는데, 환상으로 보이고 돈을 얼마 쓸 건지 보이고 돈이 없으니 집 전세보증금 빼서 굿을 하였습니다.

눅 7:40 예수께서 대답하여 가라사대 시몬아 내가 네게 이를 말이 있다 하시니 저가 가로되 선생님 말씀하소서

41. 가라사대 빚 주는 사람에게 빚진 자가 둘이 있어 하나는 오백 데나리온을 졌고 하나는 오십 데나리온을 졌는데

42. 갚을 것이 없으므로 둘 다 탕감하여 주었으니 둘 중에 누가 저를 더 사랑하겠느냐

46. 너는 내 머리에 감람유도 붓지 아니하였으되 저는 향유를 내 발에 부었느니라

47. 이러므로 내가 네게 말하노니 저의 많은 죄가 사하여졌도다 이는 저의 사랑함이 많음이라 사함을 받은 일이 적은 자는 적게 사랑하느니라

50. 예수께서 여자에게 이르시되 네 믿음이 너를 구원하였으니 평안히 가라 하시리라

서울 무당이 공수가 내린다고 하더니 "세계 돈을 한봉선이 다 끌어들이겠다"라고 하시면서 나에게

행 16:16 우리가 기도하는 곳에 가다가 점하는 귀신 들린 여종 하나를 만나니 점으로 그
주인들을 크게 이하게 하는 자라
17. 바울과 우리를 좇아와서 소리질러 가로되 이 사람들은 지극히 높은 하나님의 종으로
구원의 길을 너희에게 전하는 자라 하며
18. 이같이 여러 날을 하는지라 바울이 심히 괴로와하여 돌이켜 그 귀신에게 이르되 예수
그리스도의 이름으로 내가 네게 명하노니 그에게서 나오라 하니 즉시 나오니라
19. 종의 주인들은 자기 이익의 소망이 끊어진 것을 보고 바울과 실라를 잡아 가지고 저
자로 관원들에게 끌어갔다가
20. 상관들 앞에 데리고 가서 말하되 이 사람들이 유대인인데 우리 성을 요란케 하여
21. 로마 사람인 우리가 받지도 못하고 행치도 못할 풍속을 전한다 하거늘
22. 무리가 일제히 일어나 송사하니 상관들이 옷을 찢어 벗기고 매로 치라 하여
23. 많이 친 후에 옥에 가두고 간수에게 분부하여 든든하게 지키라 하니
24. 그가 이러한 영을 받아 저희를 깊은 옥에 가두고 그 발을 착고에 든든히 채웠더니
25. 밤중쯤 되어 바울과 실라가 기도하고 하나님을 찬미하매 죄수들이 듣더라
26. 이에 홀연히 큰 지진이 나서 옥터가 움직이고 문이 곧 다 열리며 모든 사람의 매인 것
이 다 벗어진지라
27. 간수가 자다가 깨어 옥문들이 열린 것을 보고 죄수들이 도망한줄 생각하고 검을 빼어
자결하려 하거늘
28. 바울이 크게 소리질러 가로되 네 몸을 상하지 말라 우리가 다 여기 있노라 하니
29. 간수가 등불을 달라고 하며 뛰어 들어가 무서워 떨며 바울과 실라 앞에 부복하고
30. 저희를 데리고 나가 가로되 선생들아 내가 어떻게 하여야 구원을 얻으리이까 하거늘

31. 가로되 주 예수를 믿으라 그리하면 너와 네 집이 구원을 얻으리라 하고

현대인들은

렘 23:13 내가 사마리아 선지자들 중에 우매함이 있음을 보았나니 그들은 바알을 의탁하
고 예언하여 내 백성 이스라엘을 그릇되게 하였고
14. 내가 예루살렘 선지자들 중에도 가증한 일이 있음을 보았나니 그들은 간음을 행하며

행악자의 손을 굳게 하여 사람으로 그 악에서 돌이킴이 없게 하였은즉 그들은 다 내 앞에서 소돔 사람과 다름이 없고 그 거민은 고모라 사람과 다름이 없느니라
15. 그러므로 만군의 여호와 내가 선지자에 대하여 이같이 말하노라 보라 내가 그들에게 쑥을 먹이며 독한 물을 마시우리니 이는 사악이 예루살렘 선자들에게로서 나와서 온 땅에 퍼짐이라 하시니라

렘 5:31 선지자들은 거짓을 예언하며 제사장들은 자기 권력으로 다스리며 내 백성은 그것을 좋게 여기니 그 결국에는 너희가 어찌하려느냐

사 8:19 혹이 너희에게 고하기를 지절거리며 속살거리는 신접한 자와 마술사에게 물으라 하거든 백성이 자기 하나님께 구할 것이 아니냐 산자를 위하여 죽은 자에게 구하겠느냐 하라

호 8:14 이스라엘은 자기를 지은 자를 잊어버리고 전각들을 세웠으며 유다는 견고한 성읍을 많이 쌓았으나 내가 그 고을들에 불을 보내어 그 성들을 삼키게 하리라

출 22:18 너는 무당을 살려두지 말찌니라

겔 13:1 여호와의 말씀이 내게 임하여 가라사대
4. 이스라엘아 너희 선지자들은 황무지에 있는 여우 같으니라
10. 이렇게 칠 것은 그들이 내 백성을 유혹하여 평강이 없으나 평강이 있다 함이라 혹이 담을 쌓을 때에 그들이 회칠을 하는도다
14. 회칠한 담을 내가 이렇게 훼파하여 땅에 넘어뜨리고 그 기초를 드러낼 것이라 담이 무너진즉 너희가 그 가운데서 망하리니 나를 여호와인줄 알리라
6. 여호와께서 말씀하셨다고 하는 자들이 허탄한 것과 거짓된 점괘를 보며 사람으로 그 말이 굳게 이루기를 바라게 하거니와 여호와가 보낸 자가 아니라
17. 너 인자야 너의 백성 중 자기 마음에서 나는대로 예언하는 부녀들을 대면하여 쳐서 예언하여
20. 그러므로 나 주 여호와가 말하노라 너희가 새를 사냥하듯 영혼들을 사냥하는 그 방석

을 내가 너희 팔에서 떼어버리고 너희가 새처럼 사냥한 그 영혼들을 놓으며

렘 23:29 나 여호와가 말하노라 내 말이 불같지 아니하냐 반석을 쳐서 부스러뜨리는 방망이 같지 아니하냐
32. 나 여호와가 말하노라 보라 거짓 몽사를 예언하여 이르며 거짓과 헛된 자만으로 내 백성을 미혹하게 하는 자를 내가 치리라 내가 그들을 보내지 아니하였으며 명하지 아니하였나니 그들이 이 백성에게 아무 유익이 없느니라 여호와의 말이니라
19. 보라 나 여호와의 노가 발하여 폭풍과 회리 바람처럼 악인의 머리를 칠 것이라

사 44:25 거짓말하는 자의 징조를 폐하며 점치는 자를 미치게 하며 지혜로운 자들을 물리쳐 그 지식을 어리석게 하며

작은 고모 아들이 2명 모두 무당인데, 작은 고모의 아들은 미쳐서 큰 집 기둥에 다 밧줄로 메어놓았습니다.

미가 5:12 내가 또 복술을 너의 손에서 끊으리니 네게 다시는 점장이가 없게 될 것이며
13. 내가 너의 새긴 우상과 주상을 너의 중에서 멸절하리니 네가 네 손으로 만든 것을 다시는 섬기지 아니하리라

겔 36:26 또 새 영을 너희 속에 두고 새 마음을 너희에게 주되 너희 육신에서 굳은 마음을 제하고 부드라운 마음을 줄 것이며
27. 또 내 신을 너희 속에 두어 너희로 내 율례를 행하게 하리니 너희가 내 규례를 지켜 행할찌라

요 10:9 내가 문이니 누구든지 나로 말미암아 들어가면 구원을 얻고 또는 들어가며 나오며 꼴을 얻으리라

1969년 7월 3일 큰 아들이 문 곁에 서 있는 걸 보였습니다. 그 날이 큰 아들 돌이었습니다.

사 45:5 나는 여호와라 나 이외에 다른 이가 없나니 나밖에 신이 없느니라 너는 나를 알지 못하였을찌라도 나는 네 띠를 동일 것이요
11. 이스라엘의 거룩하신 자 곧 이스라엘을 지으신 여호와께서 가라사대 장래 일을 내게 물으라 또 내 아들들의 일과 내 손으로 한 일에 대하여 내게 부탁하라
15. 구원자 이스라엘의 하나님이여 진실로 주는 스스로 숨어 계시는 하나님이시이다

사 30:26 여호와께서 그 백성의 상처를 싸매시며 그들의 맞은 자리를 고치시는 날에는 달빛은 햇빛 같겠고 햇빛은 칠배가 되어 일곱날의 빛과 같으리라

인품 있는 삶을 살자

계 3:1 사데 교회의 사자에게 편지하기를 하나님의 일곱 영과 일곱 별을 가진 이가 가라
사대 내가 네 행위를 아노니 네가 살았다 하는 이름은 가졌으나 죽은 자로다
2. 너는 일깨워 그 남은바 죽게 된 것을 굳게 하라 내 하나님 앞에 네 행위의 온전한 것을
찾지 못하였노니
17. 네가 말하기를 나는 부자라 부요하여 부족한 것이 없다 하나 네 곤고한 것과 가련한
것과 가난한 것과 눈 먼것과 벌거벗은 것을 알지 못하도다
18. 내가 너를 권하노니 내게서 불로 연단한 금을 사서 부요하게 하고 흰 옷을 사서 입어
벌거벗은 수치를 보이지 않게 하고 안약을 사서 눈에 발라 보게 하라

엡 2:2 그때에 너희가 그 가운데서 행하여 이 세상 풍속을 좇고 공중의 권세 잡은 자를
따랐으니 곧 지금 불순종의 아들들 가운데서 역사하는 영이라

롬 8:7 육신의 생각은 하나님과 원수가 되나니 이는 하나님의 법에 굴복치 아니할뿐 아
니라 할 수도 없음이라
13. 너희가 육신대로 살면 반드시 죽을 것이로되 영으로써 몸의 행실을 죽이면 살리니

사 55:8 여호와의 말씀에 내 생각은 너희 생각과 다르며 내 길은 너희 길과 달라서 하늘
이 땅보다 높음같이 내 길은 너희 길보다 높으며 내 생각은 너희 생각보다 높으니라

마 7:2 너희의 비판하는 그 비판으로 너희가 비판을 받을 것이요 너희의 헤아리는 그 헤
아림으로 너희가 헤아림을 받을 것이니라
계 2:9 내가 네 환난과 궁핍을 아노니 실상은 네가 부요한 자니라 자칭 유대인이라 하는
자들의 훼방도 아노니 실상은 유대인이 아니요 사단의 회라

행 12:23 헤롯이 영광을 하나님께로 돌리지 아니하는 고로 주의 사자가 곧 치니 충이 먹어 죽으니라

눅 13:28 너희가 아브라함과 이삭과 야곱과 모든 선지자는 하나님 나라에 있고 오직 너희는 밖에 쫓겨난 것을 볼 때에 거기서 슬피 울며 이를 갊이 있으리라

창 3:17 아담에게 이르시되 네가 네 아내의 말을 듣고 내가 너더러 먹지 말라 한 나무 실과를 먹었은즉 땅은 너로 인하여 저주를 받고 너는 종신토록 수고하여야 그 소산을 먹으리라
24. 이같이 하나님이 그 사람을 아내시고 에덴동산 동편에 그룹들과 두루 도는 화염검을 두어 생명나무의 길을 지키게 하시니라

요 15:5 나는 포도나무요 너희는 가지니 저가 내 안에, 내가 저 안에 있으면 이 사람은 과실을 많이 맺나니 나를 떠나서는 너희가 아무것도 할 수 없음이라
6. 사람이 내 안에 거하지 아니하면 가지처럼 밖에 버리워 말리지나니 사람들이 이것을 모아다가 불에 던져 사르느니라

눅 13:30 보라 나중된 자로서 먼저 될 자도 있고 먼저 된 자로서 나중될 자도 있느니라 하시더라

아가 2:15 우리를 위하여 여우 곧 포도원을 허는 작은 여우를 잡으라 우리의 포도원에 꽃이 피었음이니라

요 7:15 유대인들 기이히 여겨 가로되 이 사람은 배우지 아니하였거는 어떻게 글을 아느냐 하니
17. 사람이 하나님의 뜻을 행하려 하면 이 교훈이 하나님께로서 왔는지 내가 스스로 말함인지 알리라

법대로 살아야 천국 가고 복을 받습니다

출 20:9 엿새 동안은 힘써 네 모든 일을 행할 것이나
10. 제 칠일은 너의 하나님 여호와의 안식일인즉 너나 네 아들이나 네 딸이나 네 남종이나 네 여종이나 네 육축이나 네 문안에 유하는 객이라도 아무 일도 하지 말라

주일에 친구가 도토리를 따러 가자고 한 말에 교회 가야 해서 안 된다고 거절하였더니 아침에 산에 가서 도토리 따고 저녁에 교회 가면 되지 않느냐라고 해서 친구와 도토리를 따러 가려고 약속하고 도시락 싸서 갈 계획을 했는데 약속했던 주말에 비가 와서 약속을 취소하고 교회에 갔는데

겔 20:12 또 나는 그들을 거룩하게 하는 여호와인 줄 알게 하려 하여 내가 내 안식일을 주어 그들과 나 사이에 표징을 삼았었노라
20. 또 나의 안식일을 거룩하게 할찌어다 이것이 나와 너희 사이에 표정이 되어 너희로 내가 여호와 너희 하나님인 줄 알게 하리라 하였었노라

또 주일에 오전 11시에 결혼식이 있어서 오늘 주일이지만 오늘만 집안 결혼식에 가겠다고 아침밥을 먹으면서 생각하고 밥상을 가지고 주방으로 나가다가 넘어져서 팔이 부러졌는데

렘 16:8 너는 잔치집에 들어가서 그들과 함께 앉아 먹거나 마시지 말라

저는 제주에 살고 숙부님은 충주에 사는데 주일날이 되면 충주 시골에서 고추를 심는데 아들이 선생이고 손자들은 학생이고 그렇기 때문에 시골에는 일꾼 구하기가 어렵지만 주일에는 일꾼이 많아져서 일을 하는데 저에게 환상으로 숙부님의 얼굴이 퉁퉁 붓고

목에서 피가 토해지는 모습이 보여져서 환상이 끝나고 난 뒤 숙부님께 전화를 걸어서 무슨 일이 있냐고 그러니까 숙부님이 병원에 입원해 계신다고 했습니다.

출 31:15 엿새 동안은 일할 것이나 제 칠일은 큰 안식일이니 여호와께 거룩한 것이라 무릇 안식일에 일하는 자를 반드시 죽일 찌니라

눅 14:1 안식일에 예수께서 바리새인 한 두령의 집에 떡 잡수시러 들어가시니 저희가 엿보고 있더라
3. 예수께서 대답하여 율법사들과 바리새인들에게 일러 가라사대 안식일에 병 고쳐 주는 것이 합당하냐 아니하냐
5. 또 저희에게 이르시되 너희 중에 누가 그 아들이나 소나 우물에 빠졌으면 안식일에라도 곧 끌어내지 않겠느냐 하시니

렘 17:21 여호와께서 이같이 말씀하시되 너희는 스스로 삼가서 안식일에 짐을 지고 예루살렘 문으로 들어오지 말며

사 1:12 너희가 내 앞에 보이러 오니 이것을 누가 너희에게 요구하였느뇨 내 마당만 밟을 뿐이니라

요 5:17 예수께서 저희에게 이르시되 내 아버지께서 이제까지 일하시니 나도 일한다 하시매

마 12:5 또 안식일에 제사장들이 성전 안에서 안식을 범하여도 죄가 없음을 너희가 율법에서 읽지 못하였느냐

고전 15:1 형제들아 내가 너희에게 전한 복음을 너희에게 알게 하노니 이는 너희가 받은 것이요 또 그 가운데 선 것이라
2. 너희가 만일 나의 전한 그 말을 굳게 지키고 헛되이 믿지 아니하였으면 이로 말미암아 구원을 얻으리라

3. 내가 받은 것을 먼저 너희에게 전하였노니 이는 성경대로 그리스도께서 우리 죄를 위하여 죽으시고
4. 장사 지낸 바 되셨다가 성경대로 사흘 만에 다시 살아나사

고전 2:2 내가 너희 중에서 예수 그리스도와 그의 십자가에 못 박히신 것 외에는 아무것도 알지 아니하기로 작정하였음이라

갈 5:13 형제들아 너희가 자유를 위하여 부르심을 입었으나 그러나 그 자유로 육체의 기회를 삼지 말고 오직 사랑으로 서로 종노릇하라

신 28:1 네가 네 하나님 여호와의 말씀을 삼가 듣고 내가 오늘날 네게 명하는 그 모든 명령을 지켜 행하면 네 하나님 여호와께서 너를 세계 모든 민족 위에 뛰어나게 하실 것이라
2. 네가 네 하나님 여호와의 말씀을 순종하면 이 모든 복이 네게 임하며 네게 미치리니
3. 성읍에서도 복을 받고 들에서도 복을 받을 것이며
4. 네 몸의 소생과 네 토지의 소산과 네 짐승의 새끼와 우양의 새끼가 복을 받을 것이며
5. 네 광주리와 떡반죽 그릇이 복을 받을 것이며
6. 네가 들어와도 복을 받고 나가도 복을 받을 것이니라
7. 네 대적들이 일어나 너를 치려하면 여호와께서 그들을 네 앞에서 패하게 하시리니 그들이 한 길로 너를 치러 들어왔으나 네 앞에서 일곱길로 도망하리라
8. 여호와께서 명령하사 네 창고와 네 손으로 하는 모든 일에 복을 내리시고 네 하나님 여호와께서 네게 주시는 땅에서 네게 복을 주실 것이며
9. 네가 네 하나님 여호와의 명령을 지켜 그 길로 행하면 여호와께서 네게 맹세하신 대로 너를 세워 자기의 성민이 되게 하시리니
10. 너를 여호와의 이름으로 일컬음을 세계 만민이 보고 너를 두려워하리라
11. 여호와께서 네게 주리라고 네 열조에게 맹세하신 땅에서 네게 복을 주사 네 몸의 소생과 육축의 새끼와 토지의 소산으로 많게 하시며
12. 여호와께서 너를 위하여 하늘의 아름다운 보고를 열으사 네 땅에 때를 따라 비를 내리시고 네 손으로 하는 모든 일에 복을 주시리니 네가 많은 민족에게 꾸어줄지라도 너는 꾸지 아니할 것이요

13. 여호와께서 너는 머리가 되고 꼬리가 되지 않게 하시며 위에만 있고 아래에 있지 않게 하시리니 오직 너는 내가 오늘날 네게 명하는 네 하나님 여호와의 명령을 듣고 지켜 행하며
14. 내가 오늘 너희에게 명령하는 그 말씀을 떠나 좌로나 우로나 치우치지 아니하고 다른 신을 따라 섬기지 아니하면 이와 같으리라

사 51:4 내 백성이여 내게 주의하라 내 나라여 내게 귀를 기울이라 이는 율법이 내게서부터 발할 것임이라 내가 내 공의를 만민의 빛으로 세우리라
5. 내 의가 가깝고 내 구원이 나갔은즉 내 팔이 만민을 심판하리니 섬들이 나를 앙망하여 내 팔에 의지하리라
6. 너희는 하늘로 눈을 들며 그 아래의 땅을 살피라 하늘이 연기 같이 사라지고 땅이 옷 같이 해어지며 거기 거한 자들이 하루살이 같이 죽으려니와 나의 구원은 영원히 있고 나의 의는 폐하여지지 아니하리라
7. 의를 아는 자들아, 마음에 내 율법이 있는 백성들아, 너희는 나를 듣고 사람의 훼방을 두려워말라 사람의 비방에 놀라지 말라
8. 그들은 옷 같이 좀에게 먹힐 것이며 그들을 양털같이 벌레에게 먹힐 것이로되 나의 의는 영원히 있겠고 나의 구원은 세세에 미치리라
9. 여호와의 팔이여 깨소서 깨소서 능력을 베푸소서 옛날 옛 시대에 깨신 것 같이 하소서 라합을 저미시고 용을 찌르신이가 어찌 주가 아니시며

축복받기를 원합니다.

하나님은 폭력을 싫어 하십니다

시편 14:1 어리석은 자는 그 마음에 이르기를 하나님이 없다 하도다 저희는 부패하고 소행이 가증하여 선을 행하는 자가 없도다
7. 이스라엘의 구원이 시온에서 나오기를 원하도다 여호와께서 그 백성의 포로된 것을 돌이키실 때에 야곱이 즐거워하고 이스라엘이 기뻐하리로다

롬 1:21 하나님을 알되 하나님으로 영화롭게도 아니하며 감사치도 아니하고 오히려 그 생각이 허망하여지며 미련한 마음이 어두워졌나니
22. 스스로 지혜 있다 하나 우준하게 되어
23. 썩어지지 아니하는 하나님의 영광을 썩어질 사람과 금수와 버러지 형상의 우상으로 바꾸었느니라
25. 이는 저희가 하나님의 진리를 거짓것으로 바꾸어 피조물을 조물주보다 더 경배하고 섬김이라 주는 곧 영원히 찬송할 이시로다 아멘
28. 또한 저희가 마음에 하나님 두기를 싫어하매 하나님께서 저희를 그 상실한 마음대로 내어 버려두사 합당치 못한 일을 하게 하셨으니
29. 곧 모든 불의, 추악, 탐욕, 악의가 가득한 자요 시기, 살인, 분쟁, 사기, 악독이 가득한 자요 수군수군하는 자요

마 18:8 만일 네 손이나 네 발이 너를 범죄케 하거든 찍어 내버리라 불구자나 절뚝발이로 영생에 들어가는 것이 두 손과 두 발을 가지고 영원한 불에 던지우는 것보다 나으니라

잠 5:23 그는 훈계를 받지 아니함을 인하여 죽겠고 미련함이 많음을 인하여 혼미하게 되느니라

애 2:19 밤 초경에 일어나 부르짖을지어다 네 마음을 주의 얼굴 앞에 물 쏟듯 할지어다 각 길머리에서 주려 혼미한 네 어린 자녀의 생명을 위하여 주를 향하여 손을 들지어다 하였도다

사 29:24 마음이 혼미하던 자도 총명하게 되며 원망하던 자도 교훈을 받으리라 하셨느니라

잠 3:1 내 아들아 나의 법을 잊어버리지 말고 네 마음으로 나의 명령을 지키라
8. 이것이 네 몸에 양약이 되어 네 골수로 윤택하게 하리라

말이나 행동으로나 폭력 하지 말고 겸손하게 품위 있는 사람들이 되기를 축복하면서 이 글을 마칩니다.

기도는 하나님과의 대화

막 1:35 새벽 오히려 미명에 예수께서 일어나 나가 한적한 곳으로 가사 거기서 기도하시더니

첫 시간을 하나님께 먼저 드려야 합니다. 하나님께 먼저 아뢴 다음에 일과를 시작해야 합니다.

삼상 12:23 나는 너희를 위하여 기도하기를 쉬는 죄를 여호와 앞에 결단코 범치 아니하고 선하고 의로운 도로 너희를 가르칠 것인즉

길을 걸을 때, 누웠을 때 등 기도는 쉬는 법이 없어야 합니다.

사 56:7 내가 그를 나의 성산으로 인도하여 기도하는 내 집에서 그들을 기쁘게 할 것이며 그들의 번제와 희생은 나의 단에서 기꺼이 받게 되리니 이는 내 집은 만민의 기도하는 집이라 일컬음이 될 것임이라

내 집은 기도하는 집

살전 5:17 쉬지 말고 기도하라

무시로 쉬지 말고 기도해야 합니다.

단 6:10 다니엘이 이 조서에 어인이 찍힌 것을 알고도 자기 집에 돌아가서는 그 방의 예루살렘으로 향하여 열린 창에서 전에 행하던대로 하루 세 번씩 무릎을 꿇고 기도하며 그 하나님께 감사하였더라

새벽 4시, 밤 9시, 밤 12시

눅 22:39 예수께서 나가사 습관을 좇아 감림산에 가시매 제자들도 좇았더니
40. 그 곳에 이르러 저희에게 이르시되 시험에 들지 않기를 기도하라 하시고
41. 저희를 떠나 돌 던질만큼 가서 무릎을 꿇고 기도하여
42. 가라사대 아버지여 만일 아버지의 뜻이어든 이 잔을 내게서 옮기시옵소서 그러나 내
원대로 마옵시고 아버지의 원대로 되기를 원하나이다 하시니

내 뜻은 버리고 아버지 뜻대로 맡겨야 합니다.

막 9:28 집에 들어가시매 제자들이 종용히 묻자오되 우리는 어찌하여 능히 그 귀신을
아내지 못하였나이까
29. 이르시되 기도 외에 다른 곳으로는 이런 유가 나갈 수 없느니라 하시니라

막 9:23 예수께서 이르시되 할 수 있거든이 무슨 말이냐 믿는 자에게는 능치 못할 일이 없느니라 하시니

시 66:18 내가 내 마음에 죄악을 품으면 주께서 듣지 아니하시리라

마음에 죄악을 품고는 응답을 주시지 않습니다. 하나님의 마음에 맞게 기도를 해야 합니다.

서로 싸우면 서로 죽습니다

롬 14:17 하나님의 나라는 먹는 것과 마시는 것이 아니요 오직 성령 안에서 의와 평강과 희락이라

18. 이로써 그리스도를 섬기는 자는 하나님께 기뻐하심을 받으며 사람에게도 칭찬을 받느니라

8. 우리가 살아도 주를 위하여 살고 죽어도 주를 위하여 죽나니 그러므로 사나 죽으나 우리가 주의 것이로라

정치인들이 정치를 잘 못하면 국민들이 웁니다.

약 5:9 형제들아 서로 원망하지 말라 그리하여야 심판을 면하리라 보라 심판자가 문밖에서 계시니라

또 갈아 죽는다

잠언 28:26 자기 마음을 믿는 자는 미련한 자요 지혜롭게 행하는 자는 구원을 얻을 자니라

자기 감정 자기 분노

잠언 19:11 노하기를 더디하는 것이 사람의 슬기요 허물을 용서하는 것이 자기의 영광이니라

노하기를 맹렬히 하는 자는 벌을 받을 것이라

잠언 11:13 두루 다니며 한담하는 자는 남의 비밀을 누설하나 마음이 신실한 자는 그런 것을 숨기느니라

마 12:25 예수께서 저희 생각을 아시고 가라사대 스스로 분쟁하는 나라마다 황폐하여질 것이요 스스로 분쟁하는 동네나 집마다 서지 못하리라

분쟁은 자기 죽고 남 죽이는

잠언 29:1 자주 책망을 받으면서도 목이 곧은 사람은 갑자기 패망을 당하고 피하지 못하리라

롬 1:28 또한 저희가 마음에 하나님 두기를 싫어하매 하나님께서 저희를 그 상실한 마음대로 내어 버려두사 합당치 못한 일을 하게 하셨으니
29. 곧 모든 불의, 추악, 탐욕, 악의가 가득한 자요 시기, 살인, 분쟁, 사기, 악독이 가득한 자요 수군수군하는 자요
30. 비방하는 자요 하나님의 미워하시는 자요 능욕하는 자요 교만하는 자요 자랑하는 자요 악을 도모하는 자요 부모를 거역하는 자요
31. 우매한 자요 배약하는 자요 무정한 자요 무자비한 자라
32. 저희가 이같은 일을 행하는 자는 사형에 해당하다고 하나님의 정하심을 알고도 자기들만 행할 뿐 아니라 또한 그 일을 행하는 자를 옳다 하느니라

빌 2:3 아무 일에든지 다툼이나 허영으로 하지 말고 오직 겸손한 마음으로 각각 자기보다 남을 낫게 여기고

벧전 5:7 너희 염려를 다 주께 맡겨 버리라 이는 저가 너희를 권고하심이니라
8. 근신하라 깨어라 너희 대적 마귀가 우는 사자 같이 두루 다니며 삼킬 자를 찾나니
9. 너희는 믿음을 굳게 하여 저를 대적하라 이는 세상에 있는 너희 형제들도 동일한 고난을 당하는 줄을 앎이니라

서로 존중히

시편 2:1 어찌하여 열방이 분노하며 민족들이 허사를 경영하는고
12. 그 아들에게 입맞추라 그렇지 아니하면 진노하심으로 너희가 길에서 망하리니 그 진노가 급하심이라 여호와를 의지하는 자는 복이 있도다

요 14:6 예수께서 가라사대 내가 곧 길이요 진리요 생명이니 나로 말미암지 않고는 아버지께로 올 자가 없느니라
27. 평안을 너희에게 끼치노니 곧 나의 평안을 너희에게 주노라 내가 너희에게 주는 것은 세상이 주는 것 같지 아니하니라 너희는 마음에 근심도 말고 두려워하지도 말라

요 8:32 진리를 알찌니 진리가 너희를 자유케 하리라
36. 그러므로 아들이 너희를 자유케 하면 너희가 참으로 자유하리라

시편 85:10 긍휼과 진리가 같이 만나고 의와 화평이 서로 입맞추었으며

마 5:9 화평케 하는 자는 복이 있나니 저희가 하나님의 아들이라 일컬음을 받을 것임이요

평화의 왕 되실 예수님을 축복합니다.
사람은 올바른 관계 속에서 기쁨과 즐거움이 옵니다.

거짓 선지자를 추방하자

- 도둑을 잡으려면 도둑의 집에 들어가야 합니다 -

슥 5:4 만군의 여호와께서 가라사대 내가 이것을 발하였나니 도적의 집에도 들어가며 내 이름을 가리켜 망령되이 맹세하는 자의 집에도 들어가서 그의 집에 머무르며 그 집을 나무와 돌과 아울러 사르리라 하셨느니라 하니라

마 24:4 예수께서 대답하여 가라사대 너희가 사람의 미혹을 받지 않도록 주의하라

가짜가 진짜 같이 행동하는 게 너무 많습니다.

골 2:8 누가 철학과 헛된 속임수로 너희를 노략할까 주의하라 이것은 사람의 유전과 세상의 초등학문을 좇음이요 그리스도를 좇음이 아니니라
20. 너희가 세상의 초등학문에서 그리스도와 함께 죽었거든 어찌하여 세상에 사는 것과 같이 의문에 순종하느냐

고후 11:4 만일 누가 가서 우리의 전파하지 아니한 다른 예수를 전파하거나 혹 너희의 받지 아니한 다른 영을 받게 하거나 혹 너희의 받지 아니한 다른 복음을 받게 할 때에는 너희가 잘 용납하는구나
13. 저런 사람들은 거짓 사도요 궤휼의 역군이니 자기를 그리스도의 사도로 가정하는 자들이니라

렘 23:25 내 이름으로 거짓을 예언하는 선지자들의 말에 내가 몽사를 얻었다 몽사를 얻었다함을 내가 들었노라
26. 거짓을 예언하는 선지자들이 언제까지 이 마음을 품겠느냐 그들은 그 마음의 간교한 것을 예언하느니라

27. 그들이 서로 몽사를 말하니 그 생각인즉 그들의 열조가 바알로 인하여 내 이름을 잊
어버린 것 같이 내 백성으로 내 이름을 잊게 하려 함이로다
28. 나 여호와의 말하노라 몽사를 얻은 선지자는 몽사를 말할 것이요 내 말을 받은 자는
성실함으로 내 말을 말할 것이라 겨와 밀을 어찌 비교하겠느냐
29. 나 여호와가 말하노라 내 말이 불같지 아니하냐 반석을 쳐서 부스러뜨리는 방망이 같
지 아니하냐
30. 나 여호와가 말하노라 그러므로 보라 서로 내 말을 도적질하는 선지자들을 내가 치리
라
31. 나 여호와가 말하노라 보라 그들이 혀를 놀려 그가 말씀하셨다 하는 선지자들을 내가
치리라

사 44:25 거짓말 하는 자의 징조를 폐하며 점 치는 자를 미치게 하며 지혜로운 자들을 물리쳐 그 지식을 어리석게 하며

겔 13:1 여호와의 말씀이 내게 임하여 가라사대
2. 인자야 너는 이스라엘의 예언하는 선지자를 쳐서 예언하되 자기 마음에서 나는대로 예
언하는 자들에게 말하기를 너희는 여호와의 말씀을 들으라
3. 주 여호와의 말씀에 본 것이 없이 자기 심령을 따라 예언하는 우매한 선지자들에게 화
가 있을진저
4. 이스라엘아 너의 선지자들은 황무지에 있는 여우 같으니라
5. 너희 선지자들이 성 무너진 곳에 올라가지도 아니하였으며 이스라엘 족속을 위하여 여
호와의 날에 전쟁을 방비하게 하려고 성벽을 수축하지도 아니하였느니라
6. 여호와께서 말씀하셨다고 하는 자들이 허탄한 것과 거짓된 점괘를 보며 사람으로 그
말이 굳게 이루기를 바라게 하거니와 여호와가 보낸 자가 아니라
7. 너희가 말하기는 여호와의 말씀이라 하여도 내가 말한 것이 아닌즉 어찌 허탄한 묵시
를 보며 거짓된 점괘를 말한 것이 아니냐
8. 그러므로 주 여호와가 또 말하노라 너희가 허탄한 것을 말하며 거짓된 것을 보았은즉
내가 너희를 치리라 주 여호와의 말이니라
10. 이렇게 칠 것은 그들이 내 백성을 유혹하여 평강이 없으나 평강이 있다 함이라 혹이

담을 쌓을 때에 그들이 회칠을 하는도다

이단

유다서 1:16 이 사람들은 원망하는 자며 불만을 토하는 자며 그 정욕대로 행하는 자라 그
입으로 자랑하는 말을 내며 이를 위하여 아첨하느니라
19. 이 사람들은 당을 짓는 자며 육에 속한 자는 성령은 없는 자니라
10. 이 사람들은 무엇이든지 그 알지 못하는 것을 훼방하는도다 또 저희는 이성없는 짐승
같이 본능으로 아는 그것으로 멸망하느니라

롬 10:2 내가 증거하노니 저희가 하나님께 열심히 있으나 지식을 좇은 것이 아니라
9. 네가 만일 네 입으로 예수를 주로 시인하며 또 하나님께서 그를 죽은자 가운데서 살리
신 것을 네 마음에 믿으면 구원을 얻으리니
10. 사람이 마음으로 믿어 의에 이르고 입으로 시인하여 구원에 이르느니라

계 20:4 또 내가 보좌들을 보니 거기 앉은 자들이 있어 심판하는 권세를 받았더라 또 내
가 보니 예수의 증거와 하나님의 말씀을 인하여 목베임을 받은 자의 영혼들과 또 짐승과
그의 우상에게 경배하지도 아니하고 이마와 손에 그의 표를 받지도 아니한 자들이 살아서
그리스도로 더불어 천년동안 왕노릇하니
6. 이 첫째 부활에 참예하는 자들은 복이 있고 거룩하도다 둘째 사망이 그들을 다스리는
권세가 없고 도리어 그들이 하나님과 그리스도의 제사장이 되어 천년동안 그리스도로 더
불어 왕노릇하리라

애굽의 장자

옛날에 조카가 정월 대보름날 마을에서 성황당 제사를 지내는데, 장자라 해서 성황당에 술잔을 드렸습니다. 그런데 그날 새벽 2시부터 갑자기 춥다고 떨면서 아파했습니다. 조카는 계속 열이 나면서 춥다고 덜덜 떨더니 얼굴이 까맣게 되면서 크게 아프다가 그 일이 있은뒤 병으로 죽었습니다. 그이후로도 3~4대까지 고통을 당하였습니다.

출 20:5 그것들에게 절하지 말며 그것들을 섬기지 말라 나 여호와 너의 하나님은 질투하는 하나님인즉 나를 미워하는 자의 죄를 갚되 아비로부터 아들에게로 삼 사대까지 이르게 하거니와

하나님께서는 질투하십니다. 하나님께서는 나의 백성이 남에게 절하고 우상에게 제사 지내는 것을 절대로 용서하지 않으시고 후손에게까지 그 영향이 미치는 것을 보여주었습니다

시편 136:10 애굽의 장자를 치신이에게 감사하라 그 인자하심이 영원함이로다

시편 105:36 여호와께서 또 저희 땅의 모든 장자를 치시니 곧 저희 모든 기력의 시작이로다

우리 하나님은 악의 쓴 뿌리를 뽑아내시는 하나님이십니다. 애굽은 육신에 속한 우리의 모습입니다. 우리는 출애굽해야 합니다. 여전히 우리를 묶고 있는 애굽의 습관들이 거짓된 모습들, 하나님을 영화롭게 하는 우리가 아니라 세상의 향락에 빠지고 세상에 족쇄가 묶여져 이를 풀어내지 못하는 악한 우리의 습성들, 9가지의 재앙 앞에서도 여전히 다시 과거로 돌아가는 우리는 이 끈질긴 악의 습관들, 이것을 끊어내는 것은 우리가 가장 소중히 여기는 우리 몸처럼 아끼는 내가 죽어야 애굽의 장자가 죽어야 가능합니

다. 애굽의 장자 곧 내가 죽어야 내가 삽니다. 십자가, 우리의 죽음을 선언하는 자리이고 보혈의 피로 우리는 다시 살아납니다. 그리고 이제 육이 아닌 영의 사람으로 살아냅니다.

1969년 첫째 아들 돌날에 그 아이가 요한복음 10장 9절 문 앞에 선 것을 보여주셨습니다. 우리는 그 문으로만 들어갑니다. 그 문은 영생하는 문입니다. 바로 십자가입니다. 십자가를 통해서만 우리의 영원한 문은 열립니다.

사무엘상 7:3 사무엘이 이스라엘 온 족속에게 일러 가로되 너희가 전심으로 여호와께 돌아오려거든 이방 신들과 아스다롯을 너희중에서 제하고 너희 마음을 여호와께로 향하여 그만 섬기라 너희를 블레셋 사람의 손에서 건져내시리라

수 24:15 만일 여호와를 섬기는 것이 너희에게 좋지 않게 보이거든 너희 열조가 강 저편에서 섬기던 신이든지 혹 너희의 거하는 땅 아모리 사람의 신이든지 너희 섬길 자를 오늘날 택하라 오직 나와 내 집은 여호와를 섬기겠노라
22. 여호수아가 백성에게 이르되 너희가 여호와를 택하고 그를 섬기리라 하였으니 스스로 증인이 되었느니라 그들이 가로되 우리가 증인이 되었나이다

열왕기하 4:3 가로되 너는 밖에 나가서 모든 이웃에게 그릇을 빌라 빈 그릇을 빌되 조금 빌지 말고
4. 너는 네 두 아들과 함께 들어가서 문을 닫고 그 모든 그릇에 기름을 부어서 차는 대로 옮겨 놓으라

큰아들은 하나님의 나라에서 주방장을 시키고 작은아들은 디모데.

딤전 1:18 아들 디모데야 내가 네게 이 경계로써 명하노니 전에 너를 지도한 예언을 따라 그것으로 선한 싸움을 싸우며

작은아들을 데리고 기도원에 갔는데, 집회하신 강사님이 작은아들에게 말하기를 "너는 디모데가 될거야"하셨다고 합니다.

빌 2:22 디모데의 연단을 너희가 아나니 자식이 아비에게 함같이 나와 함께 복음을 위하여 수고하였느니라

막14:8 저가 힘을 다하여 내 몸에 향유를 부어 내 장사를 미리 준비하였느니라

시편 14:1 어리석은 자는 그 마음에 이르기를 하나님이 없다 하도다 저희는 부패하고 소행이 가증하여 선을 행하는 자가 없도다

습 1:6 여호와를 배반하고 좇지 아니한 자와 여호와를 찾지도 아니하며 구하지도 아니한 자를 멸절하리라

8. 여호와의 희생의 날에 내가 방백들과 왕자들과 이방의 의복을 입은 자들을 벌할 것이며

14. 여호와의 큰 날이 가깝도다 가깝고도 심히 빠르도다 여호와의 날의 소리로다 용사가 거기서 심히 애곡하는도다

신 7:3 또 그들과 혼인하지 말찌니 네 딸을 그 아들에게 주지말 것이요 그 딸로 네 며느리를 삼지 말 것은

4. 그가 네 아들을 유혹하여 그로 여호와를 떠나고 다른 신들을 섬기게 하므로 여호와께서 너희에게 진노하사 갑자기 너희를 멸하실 것임이니라

신 18:10 그 아들이나 딸을 불 가운데로 지나게 하는 자나 복술자나 길흉을 말하는 자나 요술하는 자나 무당이나

마 10:36 사람의 원수가 자기 집안식구리라

미가 7:4 그들의 가장 선한 자라도 가시 같고 가장 정직한 자라도 찔레 울타리보다 더하도다 그들의 파숫군들의 날 곧 그들의 형벌의 날이 임하였으니 이제는 그들이 요란하리로다

9. 내가 여호와께 범죄하였으니 주께서 나를 위하여 심판하사 신원하시기까지는 그의 노
를 당하려니와 주께서 나를 인도하사 광명에 이르게 하시리니 내가 그의 의를 보리로다

시편 103:15 인생은 그 날이 풀과 같으며 그 영화가 들의 꽃과 같도다
18. 곧 그 언약을 지키고 그 법도를 기억하여 행하는 자에게로다

시편 106:28 저희가 또 바알브올과 연합하여 죽은자에게 제사한 음식을 먹어서
36. 그 우상들을 섬기므로 그것이 저희에게 올무가 되었도다

계 2:23 또 내가 사망으로 그의 자녀를 죽이리니 모든 교회가 나는 사람의 뜻과 마음을 살피는 자인줄 알찌라 내가 너희 각 사람의 행위대로 갚아주리라

신 32:17 그들은 하나님께 제사하지 아니하고 마귀에게 하였으니 곧 그들의 알지 못하던 신, 근래에 일어난 새 신, 너희 열조의 두려워하지 않던 것들이로다

고전 10:20 대저 이방인의 제사하는 것은 귀신에게 하는 것이요 하나님께 제사하는 것이 아니니 나는 너희가 귀신과 교제하는 자 되기를 원치 아니하노라

막 9:18 귀신이 어디서든지 저를 잡으면 거꾸러져 거품을 흘리며 이를 갈며 그리고 파리하여 가는지라 내가 선생의 제자들에게 내어쫓아 달라 하였으나 저희가 능히 하지 못하더이다

행 16:31 가로되 주 예수를 믿으라 그리하면 너와 네 집이 구원을 얻으리라 하고
18. 이같이 여러 날을 하는지라 바울이 심히 괴로워하여 돌이켜 그 귀신에게 이르되 예
수 그리스도의 이름으로 내가 네게 명하노니 그에게서 나오라 하니 귀신이 즉시 나오니라

요한1서 5:12 아들이 있는 자에게는 생명이 있고 하나님의 아들이 없는 자에게는 생명이 없느니라

요 10:9 내가 문이니 누구든지 나로 말미암아 들어가면 구원을 얻고 또는 들어가며 나오며 꼴을 얻으리라

요 14:1 너희은 마음에 근심하지 말라 하나님을 믿으니 또 나를 믿으라
6. 예수께서 가라사대 내가 곧 길이요 진리요 생명이니 나로 말미암지 않고는 아버지께로 올 자가 없느니라

삿 2:10 그 세대 사람도 다 그 열조에게로 돌아갔고 그 후에 일어난 다른 세대는 여호와를 알지 못하며 여호와께서 이스라엘을 위하여 행하신 일도 알지 못하였더라

지혜는 진주보다 귀하다

눅 2:4 요셉도 다윗의 집 족속인 고로 갈릴리 나사렛 동네에서 유대를 향하여 베들레헴
이라 하는 다윗의 동네로
9. 주의 사자가 곁에 서고 주의 영광이 저희를 두루 비취매 크게 무서워하는지라
52. 예수는 지혜와 그 키가 자라가며 하나님과 사람에게 더 사랑스러워 가시더라

잠언 13:20 지혜로운 자와 동행하면 지혜를 얻고 미련한 자와 사귀면 해를 받느니라
25. 의인은 포식하여도 악인의 배는 주리느니라

잠언 9:1 지혜가 그 집을 짓고 일곱 기둥을 다듬고
9. 지혜 있는 자에게 교훈을 더하라 그가 더욱 지혜로와질 것이요 의로운 사람을 가르치
라 그의 학식이 더하리라
11. 나 지혜로 말미암아 네 날이 많아질 것이요 네 생명의 해가 네게 더하리라

잠언 3:1 내 아들아 나의 법을 잊어버리지 말고 네 마음으로 나의 명령을 지키라
6. 너는 범사에 그를 인정하라 그리하면 네 길을 지도하시리라
15 지혜는 진주보다 귀하니 너의 사모하는 모든 것으로 이에 비교할 수 없도다
18. 지혜는 그 얻은 자에게 생명나무라 지혜를 가진 자는 복되도다
35. 지혜로운 자는 영광을 기업으로 받거니와 미련한 자의 현달함은 욕이 되느니라

요 6:50 이는 하늘에서 내려오는 떡이니 사람으로 하여금 먹고 죽지 아니하게 하는 것이
니라
53. 예수께서 이르시되 내가 진실로 진실로 너희에게 이르노니 인자의 살을 먹지 아니하
고 인자의 피를 마시지 아니하면 너희 속에 생명이 없느니라
57. 살아계시는 아버지께서 나를 보내시매 내가 아버지로 인하여 사는 것 같이 나를 먹는

그 사람도 나로 인하여 살리라
63. 살리는 것은 영이니 육은 무익하니라 내가 너희에게 이른 말이 영이요 생명이라

살전 5:16 항상 기뻐하라
18. 범사에 감사하라 이는 그리스도 예수 안에서 너희를 향하신 하나님의 뜻이니라
23. 평강의 하나님이 친히 너희로 온전히 거룩하게 하시고 또 너희 온 영과 혼과 몸이 우리 주 예수 그리스도 강림하실 때에 흠없게 보전되기를 원하노라

성령을 훼방하면 죽습니다

막 10:36 이르시되 너희에게 무엇을 하여주기를 원하느냐

막 3:29 누구든지 성령을 훼방하는 자는 사하심을 영원히 얻지 못하고 영원한 죄에 처하느니라 하시니

어느날 남편이 성경을 태우니 남편 목이 돌아갔는데 그 후 기도원에 들어가서 두 달이 걸려 회복이 되었습니다. 남편이 대낮에 교회 갔다 왔다고 성경 가방을 불에 태웠더니 목이 돌아갔습니다.

어느 모녀가 기도를 받으러 저희 집에 왔는데 남편이 저 여자는 제 이름 자도 도르니 오지 말라고 하니까 그 순간 벙어리가 되었고 저를 때리려 하니 팔이 가슴에 붙었습니다.

시편 31:18 교만하고 완악한 말로 무례히 의인을 치는 거짓 입술로 벙어리 되게 하소서

습 3:19 그 때에 내가 너를 괴롭게 하는 자를 다 벌하고 저는 자를 구원하며 쫓겨난 자를 모으며 온 세상에서 수욕 받는 자에게 칭찬과 명성을 얻게 하리라

짐승하고 사람은 구분해야 합니다

어느 날 어떤 교회의 사모님이 흰 개를 끌어안고 있는 환상을 보고 사모님에게 왜 개를 끌어안고 있는 환상이 보이느냐 물었더니 그 사모가 그냥 개가 좋아 먹이고 싶어서 먹인다고 말했지만, 그 사모님은 그 개에게 온통 마음이 많이 빼앗겨 있는 것이 느껴졌습니다. 그리고 하나님은 사람보다 짐승에게 그리 마음을 쏟는 것을 싫어하십니다. (레 20:16) 오늘날 많은 사람들이 애완 짐승을 많이 키우는데 마치 사람과 짐승이 주객이 전도된 것같이 너무 좋아한 나머지 마음을 온통 빼앗겨 버리는 것도 결코 하나님 보시기에는 바르지 못한 것입니다.

레 20:15 남자가 짐승과 교합 하면 반드시 죽이고 너희는 그 짐승도 죽일 것이며
16. 여자가 짐승에게 가까이 하여 교합하거든 너는 여자와 짐승을 죽이되 이들을 반드시 죽일찌니 그 피가 자기에게로 돌아가리라
11. 누구든지 그 계모와 동침하는 자는 그 아비의 하체를 범하였은즉 둘 다 반드시 죽일찌니 그 피가 자기에게로 돌아가리라

하나님의 법대로 잘 살아서 복을 받고 누리고 잘 살아갑시다.

보증 때문에 희생당한 아픔

잠언 6:1 내 아들아 네가 만일 이웃을 위하여 담보하며 타인을 위하여 보증하였으면

잠언 11:15 타인을 위하여 보증이 되는 자는 손해를 당하여도 보증이 되기를 싫어하는 자는 평안하니라

잠언 17:18 지혜 없는 자는 남의 손을 잡고 그 이웃 앞에서 보증이 되느니라

잠언 20:16 타인을 위하여 보증이 된 자의 옷을 취하라 외인들의 보증이 된 자는 그 몸을 볼모 잡힐찌니라

잠언 22:26 너는 사람으로 더불어 손을 잡지 말며 남의 빚에 보증이 되지 말라

고전 6:10 도적이나 탐람하는 자나 술 취하는 자나 후욕하는 자나 토색하는 자들은 하나님의 나라를 유업으로 받지 못하리라
14. 하나님이 주를 다시 살리셨고 또한 그의 권능으로 우리를 다시 살리시리라

행 20:24 나의 달려갈 길과 주 예수께 받은 사명 곧 하나님의 은혜의 복음 증거 하는 일을 마치려 함에는 나의 생명을 조금도 귀한 것으로 여기지 아니하노라

겔 33:1 여호와의 말씀이 네게 임하여 가라사대
6. 그러나 파숫군이 칼이 임함을 보고도 나팔을 불지 아니하여 백성에게 경고치 아니하므로 그중에 한 사람이 그 임하는 칼에 제함을 당하면 그는 자기 죄악 중에서 제한바 되려니와 그 죄를 내가 파숫군의 손에서 찾으리라

마 6:33 너희는 먼저 그의 나라와 의를 구하라 그리하면 이 모든 것을 너희에게 더하시리라

고전 9:16 내가 복음을 전할찌라도 자랑할 것이 없음은 내가 부득불 할 일임이라 만일 복음을 전하지 아니하면 내게 화가 있을 것임이로라

렘 48:10 여호와의 일을 태만히 하는 자는 저주를 받을 것이요 자기 칼을 금하여 피를 흘리지 않는 자도 저주를 당할 것이로다

갈 3:3 너희가 이같이 어리석으냐 성령으로 시작하였다가 이제는 육체로 마치겠느냐

겔 5:6 그가 내 규례를 거스려서 이방인보다 악을 더 행하며 내 율례도 그리함이 그 둘러 있는 열방보다 더하니 이는 그들이 내 규례를 버리고 내 율례를 행치 아니하였음이니라
9. 네 모든 가증한 일로 인하여 내가 전무후무하게 네게 내릴찌라
13. 이와 같이 내 노가 다한즉 그들에게 향한 분이 풀려서 내 마음이 시원하리라 내 분이 그들에게 다 한즉 나 여호와가 열심히 말한줄을 그들이 알리라

신 28:28 여호와께서 또 너를 미침과 눈멂과 경심증으로 치시리니
29. 소경이 어두운데서 더듬는 것과 같이 네가 백주에도 더듬고 네 길이 형통치 못하여 항상 압제와 노략을 당할 뿐이니 너를 구원할 자가 없을 것이며

전 7:25 내가 돌이켜 전심으로 지혜와 명철을 살피고 궁구하여 악한 것이 어리석은 것이요 어리석은 것이 미친 것인 줄을 알고자 하였더니
29. 나의 깨달은 것이 이것이라 곧 하나님이 사람을 정직하게 지으셨으나 많은 꾀를 낸 것이니라

사 44:25 거짓말 하는 자의 징조를 폐하며 점치는 자를 미치게 하며 지혜로운 자들을 물리쳐 그 지식을 어리석게 하며

엡 4:30 하나님의 성령을 근심하게 하지 말라 그 안에서 너희가 구속의 날까지 인치심을 받았느니라

살전 5:19 성령을 소멸치 말며
16. 항상 기뻐하라
17. 쉬지 말고 기도하라
18. 범사에 감사하라 이는 그리스도 예수 안에서 너희를 향하신 하나님의 뜻이니라
26. 거룩하게 입맞춤으로 모든 형제에게 문안하라

욥 5:17 볼찌어다 하나님께 징계 받는 자에게는 복이 있나니 그런즉 너는 전능자의 경책을 업신여기지 말찌니라
19. 여섯 가지 환난에서 너를 구원하시며 일곱 가지 환난이라도 그 재앙이 네게 미치지 않게 하시며

시 19:7 여호와의 율법은 완전하여 영혼을 소성케 하고 여호와의 증거는 확실하여 우둔한 자로 지혜롭게 하며
8. 여호와의 교훈은 정직하여 마음을 기쁘게 하고 여호와의 계명은 순결하여 눈을 밝게 하도다

행 5:3 베드로가 가로되 아나니아야 어찌하여 사단이 네 마음에 가득하여 네가 성령을 속이고 땅값 얼마를 감추었느냐

마 4:17 이때부터 예수께서 비로소 전파하여 가라사대 회개하라 천국이 가까왔느니라 하시더라

딤전 5:8 누구든지 자기 친족 특히 자기 가족을 돌아보지 아니하면 믿음을 배반한 자요 불신자보다 더 악한 자니라

요 9:1 예수께서 길 가실 때에 날 때부터 소경인 사람을 보신지라

시편 121:1 내가 산을 향하여 눈을 들리라 나의 도움이 어디서 올꼬
8. 여호와께서 너의 출입을 지금부터 영원까지 지키시리로다

시편 62:1 나의 영혼이 잠잠히 하나님만 바람이여 나의 구원이 그에게서 나는도다

부녀회, 반상회 모임을 통해 복음 전하기를 기도합시다

어떻게 하면 안 믿는 자들로 하여금 하나님께 돌아오게 할까? 고민과 염려로 하나님께 기도하는 중에, 부녀회를 통해 반상회에서 복음을 전할 수 있다면 얼마나 좋을까라는 생각에 이 글을 전합니다.

요 6:27 썩는 양식을 위하여 일하지 말고 영생하도록 있는 양식을 위하여 하라 이 양식은 인자가 너희에게 주리니 인자는 아버지 하나님의 인치신 자니라

어느날 성령께서 말씀하셨습니다.
지붕 위에 밭고랑을 넣고 저보고 씨앗을 넣으라 하셨습니다.
지붕위는 하나님의 나라를 생각하고 밭은 우리의 마음을 뜻하고 씨앗은 말씀입니다.

마 13:37 대답하여 가라사대 좋은 씨를 뿌리는 이는 인자요
43. 그 때의 의인들은 자기 아버지 나라에서 해와 같이 빛나리라 귀 있는 자는 들으라

요 6:39 나를 보내신 이의 뜻을 행하려 함이니라 나를 보내신 이의 뜻은 내게 주신 자 중에 내가 하나도 잃어버리지 아니하고 마지막 날에 다시 살리는 이것이니라
40. 내 아버지의 뜻은 아들을 보고 믿는 자마다 영생을 얻는 이것이니 마지막 날에 내가 이를 다시 살리리라 하시니라

요 4:34 예수께서 이르시되 나의 양식은 나를 보내신 이의 뜻을 행하며 그의 일을 온전히 이루는 이것이니라

요 3:16 하나님이 세상을 이처럼 사랑하사 독생자를 주셨으니 이는 저를 믿는 자마다 멸

망치 않고 영생을 얻게 하려 하심이니라
17. 하나님이 그 아들을 세상에 보내신 것은 세상을 심판하려 하심이 아니요 저로 말미암
아 세상이 구원을
받게 하려 하심이라
18. 저를 믿는 자는 심판을 받지 아니하는 것이요 믿지 아니하는 자는 하나님의 독생자의
이름을 믿지아니하므로 벌써 심판을 받은 것이니라

막 9:48 거기는 구더기도 죽지 않고 불도 꺼지지 아니하느니라

여기가 지옥입니다.

계 22:1 또 저가 수정 같이 맑은 생명수의 강을 내게 보이니 하나님과 및 어린 양의 보좌
로부터 나서
2. 길 한가운데로 흐르더라 강 좌우에 생명 나무가 있어 열 두가지 실과를 맺히되 달마다
그 실과를 맺히고 그 나무 잎사귀들은 만국을 소성하기 위하여 있더라

이게 천국입니다.

축복합니다.

중국 선교 배에 오르다

1994년 배 타고 중국 선교 가는 길에 큰 광풍이 불어서 막 4:37 말씀 놓고 예배드리고 기도했더니 바람이 잔잔해졌습니다.

막 4:37 큰 광풍이 일어나며 물결이 부딪혀 배에 들어와 배에 가득하게 되었더라

요 6:40 내 아버지의 뜻은 아들을 보고 믿는 자마다 영생을 얻는 이것이니 마지막 날에 내가 이를 다시 살리리라 하시니라
45. 선지자의 글에 저희가 다 하나님의 가르치심을 받으리라 기록되었은즉 아버지께 듣고 배운 사람마다 내게로 오느니라
46. 이는 아버지를 본 자가 있다는 것이 아니라 오직 하나님에게서 온 자만 아버지를 보았느니라
57. 살아계신 아버지께서 나를 보내시매 내가 아버지로 인하여 사는 것 같이 나를 먹는 그 사람도 나로 인하여 살리라
63. 살리는 것은 영이니 육은 무익하니라 내가 너희에게 이른 말이 영이요 생명이라
51. 나는 하늘로서 내려온 산 떡이니 사람이 이 떡을 먹으면 영생하리라 나의 줄 떡은 곧 세상의 생명을 위한 내 살이로다 하시니라

고전 10:17 떡이 하나요 많은 우리가 한 몸이니 이는 우리가 다 한 떡에 참예함이라

겔 4:7 너는 또 에워싼 예루살렘을 향하여 팔을 벗어메고 예언하라
9. 너는 밀과 보리와 콩과 팥과 조와 귀리를 가져다가 한 그릇에 담고 떡을 만들어 네 모로 눕는 날수 곧 삼백 구십일에 먹되

요 14:6 예수께서 가라사대 내가 길이요 진리요 생명이니 나로 말미암지 않고는 아버지께로 올 자가 없느니라

예수님은 온 인류를 구원하기 위해 생명의 떡으로 이 땅에 오셨습니다. 누구든지 생명의 떡을 먹는 자는 마지막 때에 살리실 것이며 이 생명의 떡 되신 예수 그리스도 안에서 온 나라가 참여해서 축복받기를 원합니다. 부활 승천하신 예수님만 믿으면 승리하고 부활하게 되는 겁니다.

서원기도

삿 11:30 그가 여호와께 서원하여 이르되 주께서 과연 암몬 자손을 내 손에 넘겨 주시면

마 22:37 예수께서 이르시되 네 마음을 다하고 목숨을 다하고 뜻을 다하여 주 너의 하나님을 사랑하라 하셨으니

눅 11:13 너희가 악할지라도 좋은 것을 자식에게 줄줄 알거든 하물며 너희 천부께서 구하는 자에게 성령을 주시지 않겠느냐 하시니라

마 5:43 또 네 이웃을 사랑하고 네 원수를 미워하라 하였다는 것을 너희가 들었으나
44. 나는 너희에게 이르노니 너희 원수를 사랑하며 너희를 핍박하는 자를 위하여 기도하라
45. 이같이 한즉 하늘에 계신 너희 아버지의 아들이 되리니 이는 하나님이 그 해를 악인과 선인에게 비취게 하시며 비를 의로운 자와 불의한 자에게 내려주심이라
47. 또 너희가 너희 형제에게만 문안하면 남보다 더하는 것이 무엇이냐 이방인들도 이같이 아니하느냐

시편 37:5 너의 길을 여호와께 맡기라 저를 의지하면 저가 이루시고

시편 56:4 내가 하나님을 의지하고 그 말씀을 찬송하올찌라 내가 하나님을 의지하였은즉 두려워 아니하리니 혈육을 가진 사람이 내게 어찌하리이까

막 11:25 서서 기도할 때에 아무에게나 혐의가 있거든 용서하라 그리하여야 하늘에 계신 너희 아버지도 너희 허물을 사하여 주시리라 하시니라

마 5:24 예물을 제단 앞에 두고 먼저 가서 형제와 화목하고 그 후에 와서 예물을 드리라

마 18:18 진실로 너희에게 이르노니 무엇이든지 너희가 땅에서 매면 하늘에서도 매일 것이요 무엇이든지 땅에서 풀면 하늘에서도 풀리리라
21. 그 때에 베드로가 나아와 이르되 주여 형제가 내게 죄를 범하면 몇 번이나 용서하여 주리이까 일곱 번까지 하오리이까
22. 예수께서 가라사대 네게 이르노니 일곱 번뿐 아니라 일흔번씩 일곱 번이라도 할지니라

골 3:13 누가 뉘게 혐의가 있거든 서로 용납하여 피차 용서하되 주께서 너희를 용서하신 것 같이 너희도 그리하고

마 6:14 너희가 사람의 과실을 용서하면 너희 천부께서도 너희 과실을 용서하시려니와

사 49:8 여호와께서 이같이 또 가라사대 은혜의 때에 내가 네게 응답하였고 구원의 날에 내가 너를 도왔도다 내가 장차 너를 보호하여 너로 백성의 언약을 삼으며 나라를 일으켜 그들로 그 황무하였던 땅을 기업으로 상속케 하리라

요 8:12 예수께서 또 일러 가라사대 나는 세상의 빛이니 나를 따르는 자는 어두움에 다니지 아니하고 생명의 빛을 얻으리라

슥 4:7 큰 산아 네가 무엇이냐 네가 스룹바벨 앞에서 평지가 되리라 그가 머릿돌을 내어 놓을 때에 무리가 외치기를 은총, 은총이 그에게 있을지어다 하리라 하셨고

요 3:16 하나님이 세상을 이처럼 사랑하사 독생자를 주셨으니 이는 그를 믿는 자마다 멸망하지 않고 영생을 얻게 하려 하심이라
18. 저를 믿는 자는 심판을 받지 아니하는 것이요 믿지 아니하는 자는 하나님의 독생자의 이름을 믿지 아니하므로 벌써 심판을 받은 것이니라

신 27:26 이 율법의 모든 말씀을 실행하지 아니하는 자는 저주를 받을 것이라 할 것이요 모든 백성은 아멘 할지니라

마 6:6 너는 기도할 때에 네 골방에 들어가 문을 닫고 은밀한 중에 계신 네 아버지께 기도하라 은밀한 중에 보시는 네 아버지께서 갚으시리라

히 6:14 가라사대 내가 반드시 너에게 복 주고 복 주며 너를 반성하게 하고 반성하게 하리라 하셨더니
17. 하나님은 약속을 기업으로 받는 자들에게 그 뜻이 변하지 아니함을 충분히 나타내시려고 그 일을 맹세로 보증하셨나니
18. 이는 하나님이 거짓말을 하실 수 없는 이 두 가지 변하지 못할 사실을 인하여 앞에 있는 소망을 얻으려고 피하여 가는 우리로 큰 안위를 받게 하려 하심이라

신 28:12 여호와께서 너를 위하여 하늘의 아름다운 보고를 열으사 네 땅에 때를 따라 비를 내리시고 네 손으로 하는 모든 일에 복을 주시리니 네가 많은 민족에게 꾸어줄지라도 너는 꾸지 아니할 것이요

요 6:56 내 살을 먹고 내 피를 마시는 자는 내 안에 거하고 나도 그 안에 거하나니
57. 살아계신 아버지께서 나를 보내시매 내가 아버지로 인하여 사는 것 같이 나를 먹는 그 사람도 나로 인하여 살리라
63. 살리는 것은 영이니 육은 무익하니라 내가 너희에게 이른 말은 영이요 생명이라

벧전 1:23 너희가 거듭난 것은 썩어질 씨로 된 것이 아니요 썩지 아니할 씨로 된 것이니 하나님의 살아있고 항상 있는 말씀으로 되었느니라
24. 그러므로 모든 육체는 풀과 같고 그 모든 영광은 풀의 꽃과 같으니 풀은 마르고 꽃은 떨어지되
25. 오직 주의 말씀은 세세토록 있도다 하였으니 너희에게 전한 복음이 곧 이 말씀이니라

요 15:7 너희가 내 안에 거하고 내 말이 너희 안에 거하면 무엇이든지 원하는 대로 구하

라 그리하면 이루리라

열왕기상 19:18 그러나 내가 이스라엘 가운데 칠천인을 남기리니 다 무릎을 바알에게 꿇지 아니하고 다 그 입을 바알에게 맞추지 아니한 자니라

롬 11:4 저에게 하신 대답이 무엇이뇨 내가 나를 위하여 바알에게 무릎을 꿇지 아니한 사람 칠천을 남겨 두었다 하셨으니

열왕기하 2:9 건너매 엘리야가 엘리사에게 이르되 나를 네게서 취하시기 전에 내가 네게 어떻게 할 것을 구하라 엘리사가 가로되 당신의 영감이 갑절이나 내게 있기를 구하나이다
11. 두 사람이 행하며 말하더니 홀연히 불수레와 불말들이 두 사람을 격하고 엘리야가 회리 바람을 타고 승천하더라

죄악에서 축복으로

엡 2:1 너희의 허물과 죄로 죽었던 너희를 살리셨도다
2. 그때에 너희가 그 가운데서 행하여 이 세상 풍속을 좇고 공중의 권세잡은 자를 따랐으니 곧 지금 불순종의 아들들 가운데서 역사하는 영이라
14. 그는 우리의 화평이신지라 둘로 하나를 만드사 중간에 막힌 담을 허시고
22. 너희도 성령안에서 하나님의 거하실 처소가 되기 위하여 예수안에서 함께 지어져 가느니라

공동체가 건강하여 축복받기 위해 재창조하신다

골 2:2 이는 저희로 마음에 위안을 받고 사랑 안에서 연합하여 원만한 이해의 모든 부요에 이르러 하나님의 비밀인 그리스도를 깨닫게 하려 함이라
4. 내가 이것을 말함은 아무도 공교한 말로 너희를 속이지 못하게 하려 함이니

요한3서 1:2 사랑하는 자여 네 영혼이 잘 됨같이 네가 범사에 잘 되고 강건하기를 내가 간구하노라

잠언 20:27 사람의 영혼은 여호와의 등불이라 사람의 깊은 속을 살피느니라

눅 23:46 예수께서 큰 소리로 불러 가라사대 아버지여 내 영혼을 아버지 손에 부탁하나이다 하고 이 말씀을 하신 후 운명하시다.

행 7:59 저희가 돌로 스데반을 치니 스데반이 부르짖어 가로되 주 예수여 내 영혼을 받으시옵소서 하고
60. 무릎을 꿇고 크게 불러 가로되 주여 이 죄를 저들에게 돌리지 마옵소서 이 말을 하고

자니라

스데반도 내 영혼을 예수께 부탁했습니다

살전 5:19 성령을 소멸치 말며
20. 예언을 멸시치 말고
21. 범사에 헤아려 좋은 것을 취하고
22. 악은 모든 모양이라도 버리라
23. 평강의 하나님이 친히 너희로 온전히 거룩하게 하시고 또 너희 온 영과 혼과 몸이 우리 주 예수 그리스도 강림하실 때에 흠 없게 보전되기를 원하노라

벧전 1:5 너희가 말세에 나타내기로 예비하신 구원을 얻기 위하여 믿음으로 말미암아 하나님의 능력으로 보호하심을 입었나니
8. 예수를 너희가 보지 못하였으나 사랑하는도다 이제도 보지 못하나 믿고 말할 수 없는 영광스러운 즐거움으로 기뻐하니
9. 믿음의 결국 곧 영혼의 구원을 받음이라

야고보서 5:19 내 형제들아 너희 중에 미혹하여 진리를 떠난 자를 누가 돌아서게 하면
20. 너희가 알 것은 죄인을 미혹한 길에서 돌아서게 하는 자가 그 영혼을 사망에서 구원하며 허다한 죄를 덮을 것이니라

벧전 4:19 그러므로 하나님의 뜻대로 고난을 받는 자들은 또한 선을 행하는 가운데 그 영혼을 미쁘신 조물주께 부탁할찌어다

골로새서 3:23 무슨 일을 하든지 마음을 다하여 주께 하듯 하고 사람에게 하듯 하지말라

한국 교회여

사 60:1 일어서라 빛을 발하라 이는 네 빛이 이르렀고 여호와의 영광이 네 위에 임하였음

이니라
22. 그 작은 자가 천을 이루겠고 그 약한 자가 강국을 이룰 것이라 때가 되면 나 여호와가 속히 이루리라

슥 9:9 시온의 딸아 크게 기뻐할찌어다 예루살렘의 딸아 즐거이 부를찌어다 보라 네 왕이 네게 임하나니 그는 공의로우며 구원을 베풀며 겸손하여서 나귀를 타나니 나귀와 작은 것 곧 나귀새끼니라

잉태하지 못한 태문을 여는 은혜

눅 1:35 천사가 대답하여 가로되 성령이 네게 임하시고 지극히 높으신 이의 능력이 너를
덮으시리니 이러므로 나실바 거룩한 자는 하나님의 아들이라 일컬으리라
37. 대저 하나님의 모든 말씀은 능치 못하심이 없느니라
44. 보라 네 문안하는 소리가 내 귀에 들릴 때에 아이가 내 복중에서 기쁨으로 뛰놀았도
다

사무엘상 1:13 한나가 속으로 말하매 입술만 동하고 음성은 들리지 아니하므로 엘리는
그가 취한줄로 생각한지라
22. 오직 한나는 올라가지 아니하고 그 남편에게 이르되 아이를 젖 떼거든 내가 그를 데
리고 가서 여호와 앞에 뵈게 하고 거기 영영히 있게 하리이다
11. 서원하여 가로되 만군의 여호와여 만일 주의 여종의 고통을 돌아보시고 나를 생각하
시고 주의 여종을 잊지 아니하사 아들을 주시면 내가 그의 평생에 그를 여호와께 드리고
삭도를 그 머리에 대지 아니하겠나이다

시편 113:9 또 잉태하지 못하던 여자로 집에 거하게 하사 자녀의 즐거운 어미가 되게 하
시는도다 할렐루야

87세에 마지막 책을 봉헌합니다.

세계를 살리는 말씀

[주님이 나귀를 타고 오신다]

인쇄일 | 2024년 3월 21일
발행일 | 2024년 3월 21일

지은이 | 한 봉 선
펴낸곳 | 도서출판 조은
발행인 | 김화인
편집인 | 김진순
주소 | 서울시 중구 을지로20길 12 대성빌딩 405호
출판등록 | 1995년 7월 5일 등록번호 제2-1999호
저자 연락처 | 010-9278-9206
ISBN | 979-11-91735-83-3
정가 | 10,000원

후원안내 | 농협 302-1484-5930-71 한봉선